Pierre-Jakez HELIAS

MEERESSAGEN

Deutsch von Maurice HASLE (C.R.B.C. - U.B.O. Brest)
Annick LAGEMANN (Universität Kiel)
Dieter LAGEMANN (Reinbek)

Fotos von Dominique LE DOARE

**EDITIONS D'ART
JOS LE DOARE
29150 CHATEAULIN**

So erzählte man sich auf Molène... in den Schlupfhäfen an den Stränden, in den Buchten und Wieken, an den Kaps und Landspitzen, die Abend für Abend das wundersam verzaubernde Spiel der Sonne auf dem Meer erleben.

DAS PARADIES DER UNTERGEHENDEN SONNE

Hag he'n eun enezenn, kalz tud enni o tansal...
Ha gwe glas tro war dro, hi karget a avalo...

Wenn der Bretone, der an der Küste zu Hause ist, das Salz des Meeres im Herzen, zu sterben kommt, verlangt es seine Seele, des Leibes überdrüssig, ungeduldig danach, eine *anaon* (I) zu werden, in See zu stechen, das letzte Kap Armorikas hinter sich zu lassen und dem weiten Horizont des Westmeeres entgegenzusegeln.

Nämlich liegt dort den alten nichtssagenden und nutzlosen Seemannskarten zum Trotz das Paradies, das weder Breiten- noch Längengrade kennt, von den Kelten ohne Sextanten noch Kompaß in sich selbst entdeckt.

Die Iren nennen es *Tir na n'Og* und die Bretonen *Bro ar Re Yaouank*, das Land der Jugend, denn hier steht die Zeit still und ewige Jugend ist den Seligen, die hier wohnen, versprochen.

Eine Insel, vielleicht sogar mehrere, man weiß es nicht - ein schwimmendes Eiland allemal, eines oder mehrere, mit dem Festland nicht verbunden, von jeder Woge nur einmal gewiegt, und das nur kurz verweilt in des Sternes senkrechtem Strahl.

Sie liegt viel weiter entfernt, als man je zu sagen vermöchte, jenseits der letzten noch denkbaren Seemeile - und dabei braucht es doch nur eine Flut, um sie zu erreichen, wenn die Stunde gekommen ist.

Bei auflaufendem Wasser können die Sterbenden nicht aus dem Leben scheiden, empfinden sie doch in diesem Augenblick jene allerletzte Besserung, die kurz vor dem Tode eintritt. Steht das Wasser still, hauchen sie ihr Leben aus, und die zurückflutende See nimmt ihre Seele mit sich fort im dichten Schaum der Woge, die über dem Sand rauscht, irdisches Echo der Trauer.

Aber nun bedarf es noch eines starken Windes, des Landwindes oder wenigstens des Nordwindes, um nach *kornog*, das heißt nach Westen zu gelangen. Bei Westnordwestwind soll man lieber warten; Wind aus südwestlicher Richtung bedeutet Verdammung, denn er treibt die Seele in einen gespenstischen Ozean, wo der Nebel dichter ist als Wasser, der Mond bleicher als der Verstorbenen Körper.

Wenn der Wind die Seele im Kielwasser der segensreichen Sonne hält, segelt sie geradewegs auf die Insel der Seligen zu, die man zuerst an den lodernden Flammen eines Tag und Nacht auf dem höchsten Gipfel brennenden Feuers erkennt.

Am Ufer erwartet sie ein Geleit von Auserwählten im Schein eines übernatürlichen Lichtes, in dem sich jede Unreinheit auflöst. Alle Bäume sind grün, alle Nahrung erschöpft sich im süßen Apfel, jedes Getränk im Honigwein der sprudelnden Quelle. Hier wird im Schatten der Bäume ein nicht enden wollendes Fest der Vergebung gefeiert; mit den schönsten Kirchenliedern werden die Seligen von blondzöpfigen Feen in ihren durchsichtigen Palästen in den Schlaf gesungen.

So erzählte man sich auf Molène und auf den anderen winzigen Eilanden, die vom salzigen Meer umspült werden, in den Schlupfhäfen an den Stränden, in den Buchten und Wieken, an den Kaps und Landspitzen, die Abend für Abend das wundersam verzaubernde Spiel der Sonne auf dem Meer erleben. Man erzählt es sich leider nicht mehr, seit die uralte Vertrautheit mit Wind und Segel aus den Gedächtnissen schwindet.

So gehen Paradiese verloren.

(I) *anaon* : Seele eines Verstorbenen.

DER AUFZUG DER VERSTORBENEN

Ha ni zo chomet en dour yen
Heb kaout linsel, arched na men.

Warum kommst Du so spät nach Hause, Ban Sun? Ich habe mit so beklommenem Herzen auf Dich gewartet, daß ich zum Beten nicht mehr die Worte fand. Schon ist die Sonne wieder aufgegangen, alle anderen Boote sind gestern abend zurückgekehrt.
- Schweig, Frau. Heute nacht haben wir Herri, den Bootsjungen, verloren. Ich muß dies seiner Mutter berichten.
- Sie weiß es schon. In der Nacht, nach zehn Uhr, bin ich zu ihr gegangen, damit wir einander Beistand leisteten in unserer Angst. Sie lag auf ihrem Bett mit totenbleichem Gesicht. Dreimal hatte sie im Hafen Ruderschläge gehört, dabei waren, als sie hinaus ging, auf dem Wasser weder Boot noch Ruderer zu sehen - ein Unheil verkündendes Vorzeichen. Kurz darauf schlug der Vogel *mesgoul* mit dem Flügel an ihre Fensterscheibe.
- Gott möge den *anaon* verzeihen! Es geschah tatsächlich gegen zehn. Er ruderte aus Leibeskräften mit uns zusammen auf Deck, und plötzlich war sein Platz leer. Herz und Leibeskraft waren zu schwach, er hat nicht standgehalten.
- Ging die See so hoch? War der Sturm so stark?
- Nein, es war nur neblig. Gerade hatten wir die Fischgründe erreicht, als wir mitten in den Aufzug der Verstorbenen gerieten. Zunächst erschallten Rufe, die weitab an der Küste eine Antwort fanden. Da taucht plötzlich unser Bugspriet in die Tiefe, so, als würde es von einem schweren Gewicht nach unten gezogen. Ich will nachschauen. Da senkt sich sachte das ganze Schiff, dabei ist doch

im Laderaum von Wasser keine Spur. Lautes Klagen hebt um uns an. Zwei triefende, fleischlose Hände klammern sich an der Bordplanke fest, dann vier, dann sechs, dann unzählige Hände. Zu Tausenden recken sich nun rund um uns andere aus dem Wasser empor. Und ununterbrochen dieses Jammern und Stöhnen, daß einem die Knie schlottern. Meine Mannschaft drängt sich um den Mast. Ich schreie, so laut ich kann : "Was wollt Ihr von uns? Messen und Gebete? Ihr sollt sie haben, aber haltet Abstand von den Lebenden!" Keine Antwort. Das Boot rührt sich nicht von der Stelle, als hätten wir uns festgefahren zwischen den Toten. Wir können nicht weiter rudern, wegen der vielen Hände, die dicht an dicht die Bordplanke umklammern. Mit Müh'und Not hisse ich ein Segel, um mit dem Wind freizukommen. Das Boot bebt, beginnt, sich einen Weg zu bahnen. Die Hände lassen los, eine nach der anderen, das Jammern wird zum Heulen. Sobald wir uns freigesegelt haben, legen wir uns in die Riemen, um schnellstens wegzukommen. Es ist schauderhaft : Kaum haben wir die Ruderblätter ins Wasser getaucht, verfangen sie sich in etwas, das zähen Tangmassen gleicht. Es sind die Haare unzähliger ertrunkener Frauen, deren fahle Leichen steuerbords und backbords vorübertreiben. Herris Ruder gleitet ins Wasser - mit ihm Herri. Keiner hat etwas gesehen. Wir waren unserer Sinne beraubt.
- Und die Leiche des Jungen? Was sollen wir für ihn tun?
- Nach der Sitte unserer Ahnen wollen wir eine Kerze in ein Roggenbrot stecken, sie anzünden und aufs Meer schicken. Sie wird uns zum Leichnam führen, wenn er an der Oberfläche schwimmt. Wenn nicht, werden wir nach ihm Ausschau halten müssen - in der Bucht der Verstorbenen (I), in der Hölle von Plogoff oder der Grotte von Morgat. Doch erst nach acht Tagen der Buße darf man sich in die Grotte hineinwagen - sonst erwartet einen der Tod, ein gewaltsamer Tod!
- Möge Gott den Seelen der Toten vergeben!

(I) Baie des Trépassés zwischen Pointe du Raz und Pointe du Van, Enfer de Plogoff an der Pointe du Raz.

Wir werden nach dem Leichnam Ausschau halten müssen - in der Bucht der Verstorbenen, in der Hölle von Plogoff oder der Grotte von Morgat.

ENEZ ANAON AR PENSE

E donder ar mor 'z eus eur Baradoz,
Dindan moger vogeduz an dour glaz,
Hag ar moraer, pennfollet e nadoz,
Brevet e vag war garregenn ar raz,
Pa ziskenn d'ar strad, daoulagad digor,
A wel o sevel skeudenn eur gêr vraz
      E donder ar mor.

Ha diskenn a ra, dre hent ar redou,
Sioul, heb trouz na van, a-uz d'ar gêr.
E vleo a hournij en-dro d'e jodou
'Vel bezin melen-aour e dal seder;
Med an dremm maro a zant o para
Eur sklêrijenn dianav en donder,
      Ha diskenn a ra.

Ar gwad ruz a lamm en e galon yén,
Dre ma tosta, douget brao gand an dour,
Ouz ar gêr guzet diouz gwel mab-dén,
E-leh ma klev o tintal kleier flour.
Hag e gorv a zihun, leun a wrez flamm;
En e benn, dindan ar bleo melen-aour,
      Ar gwad ruz a lamm.

Ken beo ha biskoaz setu eñ 'n e zav
En eur porz-mor: tïer razet e gwenn,
Tud korvet mad, ne hell ket dïanzav,
Heñvel braz ouz pesketerien e ouenn,
Rouedou gell o sehi ha rouedou glaz,
M'ema ar voraerien ouz o hempenn,
      Ken beo ha biskoaz.

Bagou ar porz don a zo êt da goll,
Taolet distaolet a-dreuz hag a-héd
Dre nerz ha kounnar an avel diroll,
Pell pe nevez zo war voriou ar béd
Ar béd e-neus kollet beteg o houn :
Med amañ e peñselier 'vel m'eo réd
      Bagou ar porz don.

Pa deuio an deiz, n'ouzer pe vare,
Al lïen d'al laez war wern al listri,
Dindan dorn ampart ar moraer dare,
Ar stur o senti ouz youl ar vistri,
Pet mil staoñ a skoio, bleniet gand feiz,
War-du Baradoz ar Gadarnidi,
      Pa deuio an deiz !

Doujit d'ar pellkas war an drêzenn wag :
Ar mestr, er porz don, a hortoz e vag.

DIE INSEL DER SCHIFFBRÜCHIGEN

E donder ar mor z'eus eur Baradoz
Dindan moger vogedus an dour glas.

Rührt nicht an das Schiffswrack, von dem sich die See nährte wie von einer ausgewählten Frucht, einer Frucht, deren harte Schale sie wieder ausspuckte. Macht einen Umweg um den leblosen Schiffskiel auf dem sandigen Totenbett, um jene dürren Glieder, jene gebrochenen, geborstenen Planken : Tragisch in den Himmel ragende Linien zeichnen das Antlitz des Schiffbruchs. Welle auf Welle soll diese Überreste verschlingen, sie einzeln, Stück für Stück, zu dem verborgenen Hafen in unterseeischen Gefilden tragen, wo der selige Kapitän auf sein Hab und Gut wartet.

In der Tiefe des Meeres unter dem wogenden Wasserschild liegt ein Zufluchtsort. Der Fischer, orientierungslos, das Boot vom zackigen Riff aufgerissen, sieht, mit offenen Augen dem Spiel der Strömungen gehorchend, während er versinkt, das Bild eines großen Hafens vor sich entstehen in der Tiefe des Meeres.

Er sinkt immer tiefer hinab, jener Stadt auf dem Grund des Meeres entgegen, deren gedämpftes Glockengeläut ihn herbeiruft, schwimmt unbekümmert mit der Geschmeidigkeit eines großen Fisches näher, seine schwarzen Tanghaare umwallen seine Stirn, im sanften Schein eines unbekannten, aus der Tiefe aufsteigenden Lichtes erwacht sein Gesicht zu neuem Leben, und er sinkt immer tiefer hinab.

Lebendiger denn je steht er nun am Ende der Mole eines Fischerhafens : milchiges Weiß der niedrigen gekalkten Fischerkaten, dumpfes Gemurmel in bretonischer Sprache inmitten einer Menge rauher Männer, den Fischern seines Schlages völlig gleich ; keine kreischenden Möwen jedoch, keine häkelnden Frauen weder auf den Türschwellen noch bei den blauen oder braunen Fischernetzen, die von spreizbeinig dasitzenden Männern geflickt werden, lebendiger denn je.

Alle Seeleute in diesem Geisterhafen - armorikanische Schiffbrüchige, die mit ihrem Boot versanken - kalfatern die bei ihrer letzten, tödlichen Fahrt entzweigegangenen Bordwände ihrer Schiffe. Andere warten noch immer auf die Rückkehr ihrer zerschellten Schiffe, ihrer Trawler, *malamoks* (I) oder Sardinenfänger, gestrandet unter freiem Himmel, um sie wieder aufzutakeln, und um alle Seeleute in diesem Geisterhafen erneut in Dienst nehmen zu können.

Wenn der Tag gekommen ist - man weiß nicht wann -, wird das Segel gehißt, das Steuer der sicheren Hand des Steuermanns von einst anvertraut, dann werden alle diese Schiffsbuge Kurs halten auf den letzten, ewigen Ankerplatz im Westen, wo mitten in der Bucht einer grünen Insel eine Boje ihrer harrt. Dort werden die Schiffe endlich abgetakelt, ein für allemal und auf immer, wenn der Tag gekommen ist.

Laßt die zerschellten Schiffe zu dem großen Treffen gelangen.

(I) *malamok* : mächtiges, etwa 20 m langes Fangschiff aus Douarnenez.

Rührt nicht an das Schiffswrack, von dem sich die See nährte, an den leblosen Schiffskiel auf dem sandigen Totenbett...

DER UNTERGANG DER STADT IS

"Aet ynt oll en un stroll, an foll gant an folles."

Wenn die Märzspringflut, die man auch Flut des heiligen Gwennolé nennt, auf den Karfreitag fällt, zieht sich das Meer in der Bucht von Douarnenez so weit zurück, daß es, und dies ist nicht gelogen, die Trümmer einer riesengroßen Stadt freigibt : Palastruinen, eingestürzte Mauern sowie die Überreste gepflasterter Straßen hinüber zur Insel Sein, nach Carhaix und anderen Städten. Is, die Tiefliegende, so hieß diese heute versunkene Stadt, die das Los von Occismor, Tollente, Lexobie und Herbodilla teilt. Sie erstreckte sich über neun Meilen, war von dicken Wällen umringt, ihre Westtore waren eherne Schleusen. Vielleicht war die Sandebene am wogenden Meer eine Insel, noch bevor Is dort errichtet wurde; vielleicht ist Douarnenez, das auf bretonisch "Land der Insel" heißt, nach ihr benannt worden, wer kann das wissen...

Damals herrschte König Gradlon über die Cornouaille. Hoch an Jahren und des Kriegsruhmes überdrüssig hatte er den heiligen Corentin als Herrn über seine Hauptstadt *Kemper* (I) eingesetzt. Er selbst hatte sich nach Is zu seiner einzigen Tochter Ahès-Dahut zurückgezogen, der er alles zu Gefallen tat. Niemand weiß, ob die Stadt Is ein kostbares Geschenk des Königs an seine Tochter war, oder ob Ahès-Dahut sie mit Hilfe der bösen Geister über Nacht herbeizauberte. Denn wisset, die sieben Todsünden trieben bei Hofe ihr Unwesen. Die Tage und Nächte waren ein einziges Fest, ein einziger Schmaus. Jeden Abend nahm sich die Prinzessin einen anderen Geliebten, dessen Leiche beim Morgengrauen in die Hölle von Plogoff hinabgeworfen wurde. In leidenschaftlichen Predigten wetterte der heilige Gwennolé an allen Wegkreuzungen vergeblich dagegen, nur Spott war sein Lohn. Vergeblich beschwor er den alten König, Gradlon jedoch war nur noch leibhaftige Schwäche. Unaufhörlich schlugen die Festtrommeln, und Is stürzte ins Verderben.

Eines Abends gewann ein wundersamer, in Scharlach gekleideter Prinz mit feurigem Blick - man wußte nicht, woher er kam - das Herz der Prinzessin, indem er ihr, so wird erzählt, die Geheimnisse unbekannter Laster offenbarte : "Oh Schöne, wenn Ihr mich liebt, gebt mir ein sicheres Zeugnis Eurer Liebe! - Mein Herr und Gebieter, welch Zeugnis könnte ich Euch geben, das Ihr nicht schon von mir bekamt? - Den Schlüssel zur Schleuse! - Das ist des Königs Schlüssel, den die Seegeister allein Gradlon in Obhut gaben! Mein Vater trägt ihn stets am Hals. - Euer Vater ist alt, er schläft und Eure Hand ist so sanft!"

Dahut also raubt den Schlüssel, und der rote Prinz öffnet die Schleusen. Und alsdann fällt das Meer wie ein reißendes Tier in die Stadt Is ein. Es überflutet in Windeseile die Straßen, reißt mit peitschenden Schlägen die Häuser nieder, zerschmettert flüchtende Beine, erstickt in den aufgesperrten Münden die Schreie des Entsetzens. Auf seinem Wasserroß Morvarc'h kämpft sich der alte König an der Seite des heiligen Gwennolé durch die Wellen. Er versucht, das Festland zu erreichen. Doch das Pferd ermüdet in dem Unwetter unter der Last, die sein Kreuz drückt : "Gradlon, wirf ins Wasser das Ungeheuer, das Dich umklammert hält!- Aber, Gwennolé, es ist doch meine Tochter, ich kann sie nicht lassen.- Du allein wirst gerettet, Du allein!" Der weinende Gradlon befreit sich aus den Armen seiner Tochter. Mit einem markerschütternden Schrei fällt sie in die Fluten. Von seiner Last befreit, ist Morvarc'h nun schneller als die Sturmwelle, hat endlich festen Boden unter den Füßen. Das Meer beruhigt sich wieder, ist nur noch ein funkelnder See, in dem das Läuten von Glocken ver-klingt.

(I) *Kempe*r : bret. für Quimper.

MARIE-MORGANE

Ahes, breman Marie-Vorgan
E skeud al loar, d'an noz, a gan.

Nachdem sich das Meer wieder beruhigt hatte, wollte der heilige Gwennolé, dem der alte Gradlon als Meßdiener zur Seite stand, eine Messe für das Heil der versunkenen Stadt halten. Als er eben hoch oben auf dem Felsen von Pentrêz mit beiden Händen den kristallenen Kelch aus Byzanz erhob, tauchten plötzlich die weißen Schultern einer Jungfrau mit kupferrotem Haar aus dem funkelnden Wasser; einen Arm hielt sie gen Himmel gestreckt. Ihr Leib endete in einem schweren Schwanz mit bläulich schillernden Schuppen. Es war Ahès-Dahut, die für die Zeit ihrer Verdammung in Marie-Morgane verwandelt worden war. Groß war Gwennolés Überraschung und so sehr zitterte seine Hand, daß der kostbare Kelch ihm entglitt und auf dem Felsen zersplitterte. So konnte die Messe zur Erlösung der Stadt nicht ganz gelesen werden. Is ist und bleibt verdammt und Morgane eine Wasserjungfer bis zu dem Tage, da die heilige Messe an einem Karfreitag in einer Kirche der versunkenen Stadt bis zum Ende gehalten werden kann. So nimmt es nicht Wunder, daß die Fischer nachts in der Bucht auf dem mondbeschienenen Meer der glitzernden Erscheinung der Seejungfer begegnen konnten : Morgane teilt mit dem Kamm ihrer langen Finger ihr kupferrotes Haar und singt dabei in alter Sprache ein herzzerreißendes Klagelied aus alten Zeiten...Die schönste Jungfrau sitzet dort drüben wunderbar, ihr Schuppengeschmeide blitzet, sie kämmt ihr kupfernes Haar. Sie kämmt's mit kupfernem Kamme und singt ein Lied dabei; das hat eine wundersame, gewaltige Melodei... Die Fischer jedoch enteilen in großer Hast, denn sooft Ahès erscheint, steht ein schrecklicher Sturm bevor.

Eines Tages hatte Kapitän Porzmoger mitten in der Bucht Anker geworfen. Als

Nachts in der Bucht konnten die Fischer der glitzernden Erscheinung der Seejungfer auf dem mondbeschienenen Meer begegnen.

er zurücksegeln wollte, konnte er den Anker nicht mehr lichten. Er entkleidete sich und ließ sich an der Ankerleine hinuntergleiten.Der Anker hatte sich an den Armen eines goldenen Kreuzes, das einen Kirchturm krönte, verhakt. Glocken läuteten dumpf unter ihm. "Gott mit mir!" Er ließ sich am Turm hinab und drang durch eine Fensteröffnung in ein erleuchtetes Kirchenschiff ein, in dem sich eine Menschenmenge in gläubiger Erwartung versammelt hatte. Im Chorgestühl saßen vierzig Herren in rotem Mantel. Eine Prinzessin mit kupferrotem Haar saß reglos in einem Bischofssessel, die Augen auf Porzmoger gerichtet. Am Altar lehnte ein Priester im Ornat, der auf etwas zu warten schien. Der Küster, der während der Messe sammelte, hielt dem Fischer hartnäckig eine Schüssel mit vielen Goldmünzen hin, auf denen eine seltsame Inschrift zu lesen war : "Den lieben Verstorbenen". Porzmoger hatte keinen Heller bei sich. Ein Fischer auf See braucht nichts mehr als ein Taschenmesser. Er zuckte mit den Achseln. Da breitete der Priester die Arme aus und sang *"Dominum vobiscum!"*. Keine Antwort. Die Gläubigen sahen Porzmoger flehend an. Noch zweimal klang das *Dominum vobiscum*. Da erhob sich ein mächtiges Wehklagen aus dem Schiff, die Kirchgänger wurden zu blassen Leichen und gleich darauf zu bleichen Skeletten. Die Prinzessin schwamm heran mit einer schlängelnden Bewegung ihres schweren, mit bläulich schillernden Schuppen besetzten Schwanzes und blickte Porzmoger voller Verzweiflung an: "Konntest Du nicht *et cum spiritu tuo* antworten? Du hättest uns alle erlöst!".

In diesem Augenblick erkannte er Marie-Morgane und wußte, daß er sich in der Stadt Is befand. Er konnte gerade noch am Glockenseil und an seiner Ankerleine emporgleiten. Kaum, daß er diese durchtrennt und das Segel gehißt hatte, schlug der sagenhafte Sturm der Marie-Morgane hohe Wellen um sein Boot.

Noch heute wartet die Stadt Is darauf, daß die erlösende Messe zu Ende gelesen wird.

DIE VERSTEINERTEN FIGUREN VON BREHAT

Der Archipel Bréhat ist das Reich der Steine. Der heilige Maudez weiß es wohl, ging doch ein Steinhagel auf ihn nieder, als er erstmals nach Bréhat kam, die Bewohner zum Christentum zu bekehren. Auch war es eine Steinplatte, die ihm als Bett diente - und sogar als Boot, nachdem er sie schwungvoll geschultert und zu Wasser gelassen, weil der Teufel ihn dazu herausgefordert hatte. Und da gibt es noch die anderen Steine, vom Geröll bis zum riesengroßen Felsblock : die der Insel vorgelagerten und jene, die zu ihrem Sockel gehören, die Steine an den Spitzen, Kaps und Stränden, auf den Hügeln, in den Kiefernwäldern, aufrecht stehende und liegende Steine, vereinzelt oder in Gruppen, schärfer als Schwerter, glatter als Rundschilde, von Wind und Gischt geformt, von Flechten angefressen oder triefend beim Ansturm des salzigen Wassers.

Da gab es einen Stein - heute ist er zerbrochen - , in den die heiratslustigen alten Jungfern ihren Namen einritzten : Die Botschaft war an jene Witwer gerichtet, die willens waren, noch einmal zu heiraten. Da gibt es das Felsenmeer Pan, zwei aufgetürmte Felsmassen, verbunden durch einen Dolmen, umspült von strudelnden Wassern. Noch unlängst kamen Mädchen hierher drei Steine in der Hand, die sie in die Tiefe warfen. So viele Sprünge ein Stein auf dem Wasser tat, so viele Jahre würden sie noch bis zur Hochzeit warten müssen. Hüpfte der Stein nur ein Mal, so war es höchste Zeit, für die Aussteuer zu sorgen.

Aber die Pan-Felsen erzählen vor allem die unglückliche Geschichte des Grafen Mériadec de Goëllo. Dieser Herr von Ruf hatte zwei Söhne, Gwill und

Isselbert, nicht einmal des Teufels Hörner wert. Des Wartens auf den Tod des Vaters überdrüssig beschlossen sie, sich seiner zu entledigen, um sein Erbe anzutreten. Mériadec erfuhr von der Verschwörung und konnte fliehen. Die beiden Treubrüchigen holten ihn jedoch an der Pointe du Pan ein, und die Tat wurde vollbracht. Als sie nun seine Leiche an den Rand des Kliffs tragen wollten, um sie in die Tiefe hinabzustürzen, fühlten sie, wie ihre Glieder schwer wurden, wie ihre Leiber erstarrten. Sie wurden zu Stein und zu Stein wurde auch der Graf zwischen ihnen. Seit dieser Zeit hängen die Versteinerten über dem Abgrund, auf immer vereinigt durch die Steinwerdung ihres Vaters, dessen Blut alle Felsen von Bréhat gefärbt hatte.

Auf einem Hügel sieht man eine Reihe von großen Steinen in menschlicher Haltung. Man möchte in ihnen im Gebet kniende Figuren erkennen. Tatsächlich stellen sie Hirten dar, in seltsamer Anbetung erstarrt, Hirten von dieser Insel, auf der die Verwandlung in Stein als höchste Strafe gilt. Eines Tages erhielt die Fee von Pan Besuch von einer lieben Freundin, einer Meeresprinzessin. Die Besucherin war so schön, daß die armen Hirten auf ihr Vieh nicht mehr achtgaben, sich um sie scharten und sie mit solchem Eifer bewunderten, daß sie ihr endlich lästig wurden. Wurden sie zu vertraulich oder gar aufdringlich? Wie die Sage erzählt, bat die Wassernixe ihre Freundin, sie von ihren leidenschaftlichen Verehrern zu befreien. Sogleich verwandelte die Fee von Pan die Schäfer in Stein, in der Körperhaltung, in der sie gerade waren. Sie werden so lange von der ergreifenden Schönheit der Nixen, die man heute tot glaubt, zeugen, bis ihre grotesken Gestalten, die letzten Spuren ihrer beunruhigenden Menschlichkeit in Sand- und Salzwind bis zur Unkenntlichkeit verwittert sind.

Der Archipel Bréhat ist das Reich der Steine. Einige von ihnen erzählen die unglückliche Geschichte des Grafen Mériadec.

DIE ZAUBERIN VON DEN GLENAN-INSELN

Houarn Pogam aus Lannilis im Leon liebte Bella Postic, seine entfernte Kusine, wie in der Bretagne so oft gesehen. Aber die beiden konnten nicht heiraten, waren sie doch zu arm, um sich eine kleine Kuh und ein mageres Ferkel kaufen zu können - das geringste Gut, dessen ein Bretone alten Schlages bedarf, um einen eigenen Hausstand zu gründen.

-"Geliebte Bella, ich will in die Welt hinausziehen zu suchen, was uns so bitter fehlt. Wartet auf mich, bis der Kuckuck wieder ruft.
-Geht mit Gott, Houarn Pogam! Ich will auf Euch warten, bis der Tod mich ruft. Doch nehmt diese Gegenstände, die ich geerbt : Hier habt Ihr das Messer des heiligen Corentin, das Euch vor bösen Verzauberungen bewahren wird; hier das Glöckchen des heiligen Kodelok, das mich wissen läßt um all' Eure Nöte, wo immer Ihr auch sein möget. Den Stab des heiligen Vouga behalte ich, daß er mich zu Euch führe auf Euer Geheiß".

Das Messer in der Tasche, das Glöckchen am Hals macht sich Houarn Pogam auf den Weg. In Pont-Aven hört er Wunderbares erzählen über eine Fee, die in einem Herrenhaus wohnt, in der Tiefe eines Teiches auf der Insel Lok, der größten der Glenan-Inseln. Sie soll reicher sein als alle Könige dieser Welt. Ihren Reichtum verdankt sie den scharfkantigen Rücken der steinernen Stuten, die rund um den Archipel gierig lechzen und nicht nur an harmlosen Schaumspielen Gefallen finden. Sie können Schiffe ins Verderben treiben; ihre reiche Ladung gelangt dann, von einem magischen Strom getragen, zum Palast der Fee. Doch warum und wie genau? Von allen Abenteurern, die zur sagenumwobenen Insel Lok gesegelt sind - unter ihnen ein Rechtsgelehrter, ein Schneider, ein Müller und ein Barde aus der Gegend - ist keiner je zurückgekehrt, der davon hätte berichten können.

Mutig begibt sich Houarn Pogam nach Lok, und er findet die Wege und Gänge, die ihn in den Palast aus klingendem Kristall führen. Gleich einer Woge auf hoher See bewegt sich die Fee auf ihn zu :
- "Schöner Fremder, wer seid Ihr?
- Ich bin Houarn Pogam aus Lannilis. Nichts brauche ich als eine kleine Kuh und ein mageres Ferkel - alles gäb' ich dafür.
- Sorgt Euch nicht weiter darum! Ich bin die Witwe des *kornandon*, und Ihr gefallt mir. Wollt Ihr mein Gatte werden?
- Fürwahr, antwortet er, ein Narr wäre, wer Euresgleichen wollte abweisen."

Sogleich schickt sich die Fee an, das Hochzeitsmahl zuzubereiten. Aus ihrem Weiher holt sie vier Fische und wirft sie in die Pfanne. Kaum war dies geschehen, da hört man sie mit menschlicher Stimme klagen. Aber die Fee singt so laut, daß Houarn nicht verstehen kann, was sie sagen. Als der Tisch gedeckt ist, zieht er das Messer des heiligen Corentin aus der Tasche und berührt mit dessen Spitze die goldene Schüssel, in der die vier Fische liegen.
Da geschieht ein Wunder! Vor ihm richten sich auf wie kleine Menschen ein Rechtsgelehrter, ein Schneider, ein Müller und ein Barde.
-"Houarn Pogam, erlöst uns oder seid verdammt!"
Die Zauberin lacht auf und fängt den Burschen mit einem stählernen Netz. Houarn wird in einen grünen Frosch verwandelt und springt mit den anderen, gebraten wie sie sind, in den Weiher. Da läutet an seinem Hals das Glöckchen des heiligen Kodelok; es läutet die Totenglocke, die Totenglocke, ununterbrochen die Totenglocke...

IN LANNILIS hat sich Bella Postic die grobe Schürze umgebunden und will die Kühe melken, als das Läuten des Glöckchens ihr Ohr erreicht. Da läuft sie, das Gewand, das sie zur Messe trägt, anzulegen, nimmt ihr goldenes Kreuz und streift die ledernen Schuhe über. Der Stab des guten heiligen Vouga verwandelt sich in ihrer Hand sogleich in ein rotes Pferdchen, schneller als ein vom Sturmwind getragener Strohhalm, dann in einen großen Seevogel, der sie bis auf einen Gipfel der Arreeberge trägt. Da hockt in einem Nest aus Tonerde ein kleiner, pechschwarzer, runzeliger Wicht mit ernster Miene über sechs Kieselsteinen :

-"Was tut Ihr da, *Kornandon*?
- Die Fee von Lok, meine eigene Frau, hat mich dazu verurteilt, diese steinernen Eier auszubrüten. Ich bin erst dann erlöst, wenn die Jungen ausgeschlüpft sind.
- Sah man je einen Vogel aus einem Ei ohne Eiweiß noch Dotter schlüpfen! Sie spielte Euch einen schlimmen Streich!
- Euch nicht minder, Bella Postic. Houarn, Euer Bräutigam, lebt als grüner Frosch in ihrem Weiher.
- Sprecht Ihr auch die Wahrheit, kleiner Mann? Ach, was kann ich nur tun?
- Ihr müßt zu ihr gehen, in der Gestalt eines schönen jungen Mannes, ihr das stählerne Netz, das sie am Gürtel trägt, entwenden und sie dann damit einfangen. Und dann sind wir frei, ich, Houarn und viele andere.
- Aber woher Männerkleider nehmen?

Die Seesterne, die ewige Gestalt der bösen Feen, wogegen aus den guten durch Gottes Gnade Himmelssterne werden.

- Seht! Diese vier Haare mögen sich in vier Schneider verwandeln : der erste mit einer Schere, der zweite mit einer Nadel, der dritte mit einem Bügeleisen, der letzte mit einem Kohlkopf : zwei Kohlblätter für die Hose,ein Blatt für die Jacke, ein anderes für die Weste, aus dem Strunk die Schuhe, aus dem Herzen ein Hut. Grüner Samt und weißer Atlas. Fertig! Nun los!"

Mit einem einzigen Flügelschlag erreicht der Vogel des heiligen Vouga die Insel Lok und verwandelt sich zurück in einen Stab. Am Herrenhaus angelangt, bittet Bella um Einlaß. Nie sah die Fee einen Jüngling so schön, so lieblich. Länger als dreimal drei Tage will ich ihn lieben, denkt sie. Gerührt steht Bella vor dem großen Weiher, und ihre Schönheit ist um so größer.

- "Jüngling, Ihr müßt mich auf der Stelle heiraten!
- Das will ich gerne tun, wenn ich einen dieser Fische fangen darf - mit dem Netz, das Ihr am Gürtel tragt.
- Ihr seid noch ein Kind, ich kann Euch keinen Wunsch verwehren. Welchen werdet Ihr wohl fangen? Den Rechtsgelehrten, den Schneider, den Müller oder den...
- Den Teufel fange ich!"

Ohne noch länger zu zögern, wirft Bella Postic das Netz über die Zauberin. Im selben Augenblick wird aus dem trügerischen Scheingeschöpf ein Seestern, die ewige Gestalt der bösen Feen, wogegen aus den guten durch Gottes Gnade Himmelssterne werden.

Mit dem Messer des heiligen Corentin, das auf dem Tisch liegengeblieben war, berührt Bella den Frosch : Houarn steht vor ihr; nacheinander berührt sie die übrigen Fische, die so ihre Menschengestalt zurückgewinnen. Darauf erscheint der *kornandon* in seinem Erdennest, gezogen von sechs Fliegen, die aus den Steineiern geschlüpft sind. Er schließt die Schatztruhen der Fee auf. Houarn füllt die Taschen seiner weiten Beinkleider mit Gold und Perlen. Und der Stab des heiligen Vouga verwandelt sich in eine Karosse für die Rückfahrt.

In Lannilis feierte man eine schöne Hochzeit und die Schätze aus dem Meer gereichten den Bauern zum Glück. Aber in den Felsen der Glenan-Inseln fischt man heute weniger Perlen als Schnecken und mehr Seeohren als Goldmünzen.

DIE HÖHLEN AM CAP FREHEL

Am Cap Fréhel türmen sich hoch über dem Meer Ruinen aus rotem Sandstein auf. Die Kliffs sind so regelmäßig, als seien sie von Menschenhand geschaffen. Wer weiß, vielleicht hat nicht nur die Natur daran gearbeitet? Vielleicht hat sich auch der junge Gargantua beim Spiel mit diesem Baukasten für Riesen amüsiert? Vielleicht zauberten die Höhlenfeen eine solche Felsburg herbei, um ihre Bleibe zu befestigen? Oder aber ein Heiliger aus Cambria hat durch seine Gebete den Herrn dazu veranlaßt, ein leuchtendes Zeichen seiner Macht in diese Landschaft zu setzen?

Jeder soll wissen, daß Gargantua am Cap Fréhel das Licht der Welt erblickte und daß seine riesengroße sterbliche Hülle in Plévenon ruht. Auf einem dieser Felsen nahm er Anlauf und sprang hinüber nach Jersey. Ein großartiger Satz, fürwahr! Vom kraftvollen Absprung ist bis heute im Stein der Abdruck seines riesengroßen Schnabelschuhs geblieben. Die hinterlassene Spur gibt Zeugnis von der Tat; und um uns ganz zu überzeugen, hat der Springer etwas weiter seinen Steinstock in den Meeresboden gerammt.

Feen hatten sich in den Felsgrotten, den sogenannten *houles* niedergelassen, die manche auch *goules* ("Münder") nennen, was noch treffender ist : Sie setzen sich weit nach hinten fort in Gängen und Gemächern mit steinernen Möbeln. So soll der Hahn aus der Höhle Poulifée bis unter den Hochaltar der Kirche von Plévenon gelangt sein und dort gekräht haben. Die Feen waren eifrige Wirtschafterinnen. Sie verstanden sich auf die Spinnerei; vor allem bei Flut hörte man aus den Grotten häufig das Summen ihrer Spinnräder. Ihre Wäsche wuschen sie am Teich von Gaulehen in der öden Heide und breiteten sie zum Trocknen auf dem Gras aus. Ein Sterblicher, der es vermocht hätte, die Spitze des Caps zu erreichen, ohne mit den Augen zu blinken, hätte der ganzen

Am Cap Fréhel türmen sich hoch über dem Meer Ruinen aus rotem Sandstein auf. Vielleicht hat sich der junge Gargantua beim Spiel mit diesem Baukasten für Riesen amüsiert?

Wäsche habhaft werden können. Doch stets bewegten sich die Lider im Seewind, worauf die Wäsche plötzlich unsichtbar wurde.

Die emsigen Feen backten köstliches Brot. Sie aßen gern Butter, besaßen Ochsen und Kühe, die frei auf dem Cap umherliefen und weideten. Eines Tages verirrte sich der Ochse der Feen von La Teignouse in die Kornfelder von Plévenon, wo er großen Schaden anrichtete. Die Bauern beklagten sich bei den Feen. Als Entschädigung erhielten sie von diesen einen Backofenvoll Zauberbrot. Dieses Brot nährte sie und wurde nicht weniger, bis die unvorsichtigen Bauern eines Tages einem vorbeiziehenden Bettler eine Scheibe davon abschnitten, obwohl sie doch davor gewarnt worden waren.

Die Höhlenfeen verhielten sich den Menschen gegenüber stets ehrenhaft. Doch erwarteten sie von ihnen ein Gleiches. Die Feen von Poulifée bewirteten einmal einen Mann aus Plévenon. Sie überhäuften ihn mit Geschenken, und er seinerseits versprach, daß sie bei seinem nächsten Kind Pate stehen würden. Doch seine Frau wollte um keinen Preis zulassen, daß ihre Kinder Feen anvertraut würden; da lösten sich die Geschenke in Luft auf. Die Feen waren nun einmal keine Christen. Überraschte man sie im Schlaf, so wimmelte es in ihren offenen Mündern von Würmern, waren sie doch vom Salz der Taufe unberührt geblieben.

Eines Tages landete in der Bucht von La Fresnaye ein Heiliger aus Cambria, der in der Heide von Fréhel das Volk versammelte und ihm das Wort Gottes predigte. Da es ihm jedoch nicht gelingen wollte, die Menschen zu bekehren, vertiefte er sich ins Gebet und ließ einen Tropfen seines Blutes auf die Felswand rinnen : Darüber färbte sich das ganze Kap rot. Seit diesem Tag entziehen sich die Feen dem Blick der Menschen. Ihre Spinnräder summen jedoch tief im Herzen des Cap Fréhel weiter.

DAS GOLD VON DOURDUFF

Vor langer, langer Zeit versank in der Bucht von Dourduff, an der Mündung des Flusses von Morlaix, ein Korsarenschiff mit einer Ladung Golddublonen. Seit dieser Zeit steht, wenn die Wellen im brausenden Wind schäumen und die Wracks auf dem Meeresgrund hin- und herschaukeln, das Gespenst des Kapitäns auf einem hohen, schwarzen Felsen und wacht über den versunkenen Schatz. Versucht nicht hinaufzusteigen, denn er würde Euch in die Tiefe stürzen, und Ihr teiltet das Schicksal der Dublonen. "Pousseur du Dourduff" wird er genannt, denn er stürzt die Goldgierigen ins Verderben; Ihr fielet ihm nicht als erste zum Opfer.

Unweit des Felsens erhob sich einst ein düsteres Herrenhaus, in dem ein alter Adliger mit seiner einzigen Tochter lebte. Ihr Name war Igilt. Groß war die Schönheit des braunhaarigen Mädchens mit strahlend blauen Augen, doch größer noch ihr Ehrgeiz. Ihr Vater hätte sie gern mit einem Ehrenmann vermählt; doch kein geringerer als ein Fürst oder Herzog durfte darauf hoffen, mit ihr die Ringe zu tauschen. Für gewöhnliche Freier empfand sie nur Verachtung. Man hieß sie eine Hexe, weil sie oft hoch oben auf des Gespenstes Felsen erschien, wo niemand sonst sich je hinaufgewagt hätte.

Manch ein junger Mann aus gutem Hause ruderte in seinem Boot an Dourduff vorbei, in der Hoffnung, Igilt möge ihn mit einem Blick ihrer strahlend blauen Augen bedenken, aus dem ein Funken Wohlgefallen spräche. Doch alle bedeuteten ihr nicht mehr als die Steine am Strand. Einige, die sich wohl heftiger in sie verliebt hatten, waren so kühn, ihre Liebe zu erbitten. Darauf führte sie den vernarrten Freier zum schwarzen Felsen, an dessen Fuß bleifarbene Wellen brachen : "Mein Hochzeitsgeschenk liegt hier auf dem Grunde des Meeres, in dem versunkenen Wrack. Es ist das einzige, das meiner würdig. Hole mir das

Gold und ich bin Dein!". Der Unglückselige stürzte sich in die Tiefe, die Gespensterhand des *pousseur* im Rücken, und ward nie wieder gesehen. Von nun an hieß die braunhaarige Igilt bei den Furchtsamen, die ihr Nahen in die Flucht schlug, die Braut der Toten.

So lange hielt sie Ausschau nach dem Prinzen, daß er eines Tages auf dem Meer erschien. Er kam aus Hibernien, sein Name war Yvor. Auf Weisung seines Vaters stand ihm ein weiser Ratgeber zur Seite, denn die Jugend ist ein gefährliches Alter. Die hartherzige Igilt, deren Hochmut ohne Grund, Igilt mit den strahlend blauen Augen verlor ihr Herz an ihn. Drei Tage lang lauschte sie auf dem schwarzen Felsen Yvors sanften Worten. An ihr Hochzeitsgeschenk dachte sie nicht mehr.

Währenddessen verstand es der weise Ratgeber des Prinzen Yvor, die Leute zwischen Dourduff und Morlaix zum Reden zu bringen. Dann begab er sich zu dem alten Adligen : "Prinz Yvor wünscht Eure Tochter zur Frau. Der König, sein Vater, verlangt jedoch eine Mitgift von tausend Dublonen. Denkt daran, das Gold zusammenzutragen!" - "Ich besitze nichts als diesen Bergfried! Oh, hätte ich nur so viele Goldmünzen wie Raben in meinem Wachtturm!"

- " Vielleicht weiß Eure Tochter, woher die Mitgift nehmen?", erwiderte der weise Ratgeber.

Als Igilt erfuhr, unter welcher Bedingung nur sie würde glücklich werden können, begriff sie, daß die Zeit der Strafe gekommen war. Sie verlor den Kopf und lief zum Felsen. Es schien ihr, als funkelten die Golddublonen im Mondlicht tief unten im Wasser. Verzweifelt sprang sie hinab, holte eine Handvoll Sand heraus, ließ sich erneut in die Tiefe gleiten, tauchte wieder auf, die Hände voll wertloser Kiesel : "Bald habe ich die ganze Summe beisammen!". Und die See verschlang sie.

Auf dem Grunde der Bucht von Dourduff ruht die Braut der Toten zwischen ihren Freiern auf einem Bett aus Dublonen. Und auf dem hohen, schwarzen Felsen hält das Gespenst des Kapitäns wieder Wache.

POTR PENN ER LO

"Wer ruft denn dort am Strand von Penn er Lo um Hilfe mit einer seltsamen, klagenden Stimme, in der so etwas wie ein Lachen mitschwingt? Ihr Leute von Quiberon, springt rasch ins Wasser und helft jener armen Seele, die sich verzweifelt an ihren Leib klammert. Welch ein sonderbares Schreien! Seht dort in den Wellen dieses furchtbare Gesicht! Schnell, gleich wird es in der Tiefe versinken! Aber was seh' ich! Jetzt taucht ein menschliches Ungeheuer in voller Größe aus dem Wasser! Es läuft auf dem Wasser dahin wie auf einer breiten Straße. Es lacht hämisch und verspottet uns. Das geschieht uns nur recht! Uns bleibt nur noch, durchgefroren bis auf die Knochen zum Strand zurückzuschwimmen. Dann werden wir ein großes Feuer anzünden und unsere Kleider trocknen. Und jedermann weiß : Das war der neueste Streich des Pôtr Penn er Lo."

"Du, Fischer von Quiberon, was für ein Riesenfisch zappelt denn da in Deinem Netz? - Ich weiß nicht, wie er heißt. Noch nie habe ich einen solchen Fisch gefangen. Und er hat mir sehr zu schaffen gemacht : Die ganze Nacht hindurch habe ich mich abgemüht, um ihn an Bord zu ziehen. Und schließlich ist es mir gelungen. Und nun werde ich ihn zu einem guten Preis verkaufen, denn er gehört auf den Tisch betuchter Leute. - Fischer, hast Du jemals einen Fisch blinzeln sehen, hast Du jemals einen Fisch lachen hören?" Da befreit sich der Fisch aus dem Netz, nimmt die Gestalt eines großen Burschen an, der, die Hände in den Taschen, selbstzufrieden vor sich hin pfeift und verschwindet. - "Himmelkreuzsakrament! Ich habe den Pôtr Penn er Lo gefischt!"

"Es ist stockfinster, ich habe mich verlaufen. Oh, da kommt jemand! Heda! Ich bitte Euch! Bin ich noch weit von Quiberon?

Dabei kann man manchmal am Sandstrand von Quiberon auf den riesengroßen Abdruck eines Pferdefußes treffen...

- Das hängt ganz davon a., wie schnell Ihr lauft, und in welche Richtung. Wenn Ihr mir folgen wollt, so führe ich Euch geradewegs dorthin. Ich habe die ganze Halbinsel abgeschritten und muß nicht sehen, um zu wissen, wo ich bin.
- Wir haben die Landstraße verlassen, nicht wahr? Ich höre meine eigenen Schritte nicht mehr!
- Wir nehmen eine Abkürzung quer durch die Heide!
- Mich dünkt, wir laufen hinunter zum Meer. Meine Füße versinken, ich verliere meine Holzschuhe!
- Nur Geduld, der Weg wird gleich besser.
- So wartet doch, ich kann Euch nicht folgen! Ein verteufelter Bursche! Nun liege ich der Länge nach im Schlick. Wo steckt Ihr bloß? Er lacht und macht sich davon! Warte nur, wenn ich eines Tages entdecke, wer Du bist, zieh ich Dir einen Eisendraht durch den Schweinerüssel!
- Falls Du es wissen willst : Pôtr Penn er Lo ist mein Name!"

"Was ist denn nur los? Mein Boot kommt nicht mehr von der Stelle, dabei weht doch ein starker Wind. Eine Hand! Eine riesige Hand klammert sich am Heck fest. Die Hand von Pôtr Penn er Lo, der lachend die Schiffe ins Verderben treibt. Ich bin verloren! - Gib mir das Ruder, elender Fischer! Keiner von Euch, Ihr Affen, kann ein Boot so gut steuern wie ich! Heute bin ich gut gelaunt, ich habe in Carnac geschmaust, bei meinem Bruder, dem Stier von Porh en Dro". Und Pôtr Penn er Lo steuerte das Schiff in den Hafen, wenn ihm der Sinn danach stand. Denn bei ihm wußte man nie, woran man war. Alles hing von seiner Laune ab. Es heißt allerdings, ein Streich sei ihm stets lieber gewesen als ein dramatisches Schauspiel. Am liebsten verwandelte er sich in ein Pferd, nahm einen Leichtfertigen auf den Rücken und ließ ihn kopfüber in eine Schlammpfütze stürzen. Wurden Pôtr Penn er Lo und sein Bruder Kole Porh en Dro des Streichespielens müde? Schon seit geraumer Zeit hat man sie auf der Halbinsel nicht mehr gesehen. Dabei kann man manchmal am Sandstrand von Quiberon oder Carnac auf den riesengroßen Abdruck eines Stier- oder Pferdefußes treffen.

FILOPENN VON DER MOORKÜSTE

Zwischen La Torche und Penhors trennt ein natürlicher Gerölldamm den Meeresstrand von einem unfruchtbaren Moor. Am Fuße der Felsenküste zwischen Penhors und Canté liegen zahlreiche Riffe, eine brandende Ebene. Dies war einst das Reich von Filopenn, jenes ungeselligen Burschen, der mit dem Teufel im Bunde war. Welch eine hohe, stämmige Gestalt, so kräftig und rauh wie ein Eichbaum, einem Tier ähnlicher als einem Christen. Mich dünkt, er hatte weder Eltern noch Verwandte, als er über Nacht in der Vorhalle der Kirche von Tréguennec aufgetaucht. Im Moor hatte er sich eine Hütte aus Steinen und Strandgut gebaut. Tag und Nacht streifte er zwischen La Torche und Canté umher und stocherte mit einem Haken in den Felsspalten nach Nahrung; dabei gebärdete er sich wild, stieß gewaltige Schreie aus, damit man ihn kommen hörte und die Leute ihm aus dem Wege gingen. Er war kein böser Mensch. Einmal allerdings hatte er sich bei einem Volksfest im Kampf mit Yann-Bras aus Scaër gemessen und ihn dabei mit seinen Armen zu Tode gedrückt - allein, weil er nicht Herr über seine Kräfte war.

Eines Nachts zerschellte am Riff ein Boot ohne Namen, von seltsamer Form. Als Filopenn am anderen Morgen dabei war, Strandgut aufzulesen, da sah er bei Penhors ein Mädchen in Lumpen aus dem Wasser steigen. Sie lief einige Schritte am Strand entlang, spürte wohl, daß jemand in der Nähe war, und tauchte wieder ins Meer. Filopenn lief zu den Spuren, die das Mädchen hinterlassen hatte; dann ging er langsam zu seiner Höhle zurück, sorgsam darauf bedacht, fest aufzutreten, damit der Abdruck seiner nackten Füße im Sand deutlich zu erkennen war. Vor seiner Hütte angelangt, wartete er zuversichtlich - und schon bald sank die Schwimmerin erschöpft auf dem Tanglager zu seinen Füßen nieder.

Von nun an lebten die beiden zusammen. Zwei menschenscheue Gestalten streiften am Strand umher. Auf die rauhen Schreie Filopenns antwortete ein helleres, durchdringenderes Rufen. Stundenlang spielte sie in den Wellen, selbst mitten im Winter sah man sie am Roten Felsen in die Schaumkronen tauchen. Die Leute vom Moor nannten sie die "Tochter des Meeres".

Bis zu dem Tag, da die beiden plötzlich verschwanden. Viel Zeit mußte verstreichen, ehe sich jemand in Filopenns Hütte wagte. Dort entdeckte er das Mädchen; abgemagert bis auf die Knochen, lag es tot auf dem Tanglager; neben ihm saß, an die Mauer gelehnt, Filopenn, des Mädchens Hände in den seinen. Auch er war tot, doch noch nicht lange. Auf seinem gräßlich anzusehenden Gesicht glänzten noch die Tränen.

Man begrub die beiden im Kirchhof einer Kapelle im Moor; keiner weiß heute mehr, wo genau. Sicher ist nur eines : Der Leichnam des Mädchens lag am anderen Tag wieder über der Erde. Man vergrub ihn in einem noch tieferen Loch, und wieder kam er nach oben. Da riet ein weiser Mann aus der Gegend, man möge die "Tochter des Meeres" an den Strand tragen. Und so geschah es. Sogleich nahm das Meer den Leichnam mit sich fort und gab ihn nie wieder frei.

Filopenns große sterbliche Hülle ruht in magerer Erde irgendwo zwischen La Torche und Canté. Er scheint sich dort wohl zu fühlen, denn niemals versuchte er, seinem Grab zu entsteigen. Er wird wohl ein echter Bretone gewesen sein. Über seine Gefährtin glaube ich kein Wort mehr sagen zu dürfen. Schließlich bin ich nur ein armer Mann vom Moor.

Noch heute sagen unsere Kinder beim Spielen diesen Abzählreim auf, von dem sie kein Wort verstehen :

Filopenn, chalopenn, an diaoul en e glopenn,
Gant Merc'h an Dour Zall, ken diaoulez hag all.

Filopenn, grande bête, le Diable dans sa tête,
Et la Fille de l' Eau Salée, autant que lui endiablée.

Tag und Nacht streifte er zwischen La Torche und Canté umher und stocherte mit einem Haken in den Felsspalten nach Nahrung.

GWERZ AN INTRON AZENOR

WAR drêzenn Porspoder, eun devez a oe, e teuas d'ar zeh, euz tramor, eur pez neo mên hag a oa bet douget war zour da dreuzi. Er mêz euz ar vag-se, a dalveze dezañ da wele, e savas Sant Budog, pe gentoh Beuzeg, da lavared eo « an hini beuzet ». Ha setu e zoare, amañ warlerh, dres e giz m'eo bet displeget, e-pad pell amzer, gand ar voraerien o kana gwerz « Tour an Arvor ».

An intron Azenor a oa merh d'eur priñs a Vro-Leon hag e-noa diazezet e gastell e Brest, ar porz-mor. Dre ma oa brudet hi evel eur plah dreist, ar hont Kouner a Welo a gasas d'he goulenn e priedelez, war an ton braz, kannaded o dilhad melen arhantet. Pemzeg deiz leun e padas festou an eureud, pemzeg deiz eürusted Azenor. Goudeze e rankas mond da heul he gwaz. He mamm a varvas heb dale, hag he zad a gemeras eur wreg all, ken fall hag ar vestl.

Ne oa ket dimezet hoaz Azenor abaoe eiz miz, ma kavas he lez-vamm an tu, dre zila falloni ha gevier a-walh, da sanka e spered ar hont e oa paket diwezad evid diwall e neiz ouz ar goukoug. Gonezet gand ar warizi hag ar has, hi a damallas ar paour-kêz Azenor e gadalïez hag e loustoni a wall skouer evid an oll. Gand ar brasa dismegañs eviti, ar hont a lakeas ambroug e wreg en-dro da gastell he zad, da Vrest. Bahet e oe en tour a zoug heh ano, da hortoz beza taolet en tan. Hag eun druez oa kleved anezi o kana, en tour krenn, hag o helver trugarez an aotrou Doue war he bourrevien.

Hogen, pa oed o vond d'he devi, biskoaz ne fellas d'an tan kregi, a lavar deom ar werz. Marteze, ivez, e oe digastizet abalamour ma oa dougéréz. Stlapet e oe er mor, en eur vag heb gouel na roeñv, a gasas anezi en houlenn vraz. Pesketêrien a zalhas groñs e oent kejet ganti hag hi o paouez genel he mab Budog, tonket da veza beuzet. Ar mabig, war brennid gwenn e vamm, a oa heñvel-brao ouz eur goulm war eur grogenn-vor.

Lod all a lavar e oa ar vag eun donell, hag e verdeas enni Azenor e-pad c'hweh miz, bouetet ha kennerzet gand eun êl, a-raog mond d'an aot war eun drêzenn e Bro-Iwerzon. Pegen sebezet e chomas Iwerzoniz, o vond da doulla an donell-peñse, p'en em ziskouezas dirazo, savet diouz kreiz an tuvennou, eur gaer a vaouez yaouank, ganti eur bugelig o vousc'hoarzin kement ha ma ouie.

E keid-se, ar vamm-gaer, spontet dirag poaniou an Ivern pa dosteas outi ar mare da vervel, he-doa añzavet he zorfed. Adaleg neuze, ar hont a Oelo ne oe ket evid padoud a-raog beza adkavet e wreg. Redeg a reas war vor ha dre ar broiou estren, o houlenn kelou digand an oll. Eun devez a oe, diskennet d'an douar en inizi Breiz-Veur, en em gavas dirag eur hrenn-baotrig e vleo melen hag e zaoulagad glaz, ar melender nemetañ hag ar glazder dispar a sklerijenne dremm flour Azenor. E vab Budog an hini oa. Ha Budog a gasas anezañ daved Azenor, a oa o walhi er poull, tostig eno. Braz o levenez pa zistrojont o zri da Vro-Arvor. Setu pez a gan ar werz.

Lod all a lavar e oe gouestlet Budog da Zoue en eur manati a Vro-Iwerzon. Beva 'ree en eur stad izel-tre. Klasket e oe ober gantañ eun arheskob hag e rankas tehed kuit diouz an enor-ze. O veza n'e-noa seurt bag ebed, Budog a hourvezaz en e wele-mên da dreuzi ar raz beteg trêzenn Porspoder.

Bennoz an Drinded war an dreizidi !

DIE LEGENDE VON AZENOR

Bennoz an Drinled war an treizi!

Am Strand von Porspoder langte eines Tages ein großer, steinerner Trog an, der von jenseits des Meeres herübergeschwommen war. Diesem Bett und Boot entstieg der heilige Budoc oder Beuzec, auf bretonisch "der Ertrunkene". Hört nun seine Geschichte, wie sie Generationen von Seeleuten in der Ballade vom Armor-Turm besungen haben.

Azénor war die Tochter eines Fürsten aus dem Léon, déssen Burg sich einst in Brest, der Hafenstadt am Meer, erhob. Die Kunde von ihrer Vollkommenheit drang bis zum Grafen Chunaire de Goëllo, welcher in Gold und Silber gekleidete Boten entsandte und durch sie ehrerbietig um ihre Hand anhalten ließ. Zwei Wochen lang wurde Hochzeit gefeiert, zwei volle Wochen währte das Glück Azénors. Dann hieß es, dem Gatten zu folgen. Bald darauf starb Azénors Mutter, und ihr Vater nahm sich eine zweite Frau, die jedoch ein boshaftes Wesen hatte.

Kaum seit acht Monaten war Azénor verheiratet, als die hinterhältige und verlogene Stiefmutter den Grafen davon überzeugt hatte, daß er sich mit Azénor den Kuckuck ins Nest gesetzt hatte. Haßerfüllt beschuldigte die Eifersüchtige die arme Azénor der "zum öffentlichen Skandal gewordenen Unzucht und Liederlichkeit". Unter Schimpf und Schande ließ der wankelmütige Graf Chunaire seine Gemahlin nach Brest in die väterliche Burg zurückführen. Man hielt sie in dem nach ihr benannten Turm gefangen, bis zu dem Tag, da sie auf dem Scheiterhaufen verbrannt werden sollte. Es konnte einem das Herz brechen, wenn man sie in dem runden Turm singen und Gott um Gnade für ihre Henker bitten hörte.

Als man sich aber anschickte, sie zu verbrennen, wollte und wollte das Feuer nicht angehen, so die Legende. Sie wurde begnadigt, vielleicht auch deshalb, weil sie ein Kind unter dem Herzen trug. Man setzte sie auf dem Meer aus, in einem Kahn ohne Segel und Ruder, der sie aufs offene Wasser hinaustrug. Fischer wollen ihr begegnet sein, als sie gerade ihrem dem Tode geweihten Sohn Budoc das Leben geschenkt hatte. Das Kind "ruhte an der Brust seiner Mutter wie eine Taube auf einer Venusmuschel".

Andere berichten, der Kahn sei ein Faß gewesen, in dem Azénor fünf Monate lang dahintrieb, von einem Engel genährt und getröstet, bis es schließlich ans irische Ufer gespült wurde. Wie groß war die Überraschung der Iren, als sie das gestrandete Faß anstechen wollten und ihm eine schöne junge Frau mit einem strahlenden Kind im Arm entstieg.

Indessen hatte die Stiefmutter Azénors kurz vor ihrem Tode aus Angst vor den Qualen der Hölle die Verleumdungen eingestanden. Von nun an ruhte der Graf von Goëllo nicht eher, als bis er seine Gemahlin wiedergefunden hatte. Er durchkreuzte Meere, bereiste fremde Länder, und befragte jeden, den er traf. Eines Tages begegnete er auf einer britischen Insel einem Knaben mit Haaren so blond und Augen so blau, wie sie das sanfte Antlitz Azénors zierten. Vor ihm stand sein Sohn Budoc. Budoc führte ihn zu Azénor, die an einem Waschplatz ganz in der Nähe ihre Wäsche wusch. Voller Freude kehrten alle drei nach Armorika zurück. So erzählt die Legende von Azénor.

Nach einer anderen Überlieferung soll Budoc in einem irischen Kloster Gott sein Leben geweiht haben. Er lebte dort in tiefer Demut. Als man ihn zum Erzbischof ernennen wollte, scheute er diese Ehre und floh. Da er kein anderes Boot besaß, setzte er sein steinernes Bett aus und legte sich darauf. Es trug ihn über den Kanal bis zum Strand von Porspoder.

Möge die Heilige Dreifaltigkeit die Seeleute schützen!

Am Strand von Porspoder langte eines Tages ein großer, steinerner Trog an, der von jenseits des Meeres herübergeschwommen war.

DER FÄHRMANN AN DER LAITA

Kasit ac'hanon e beo
War drêzenn ar re varo.

Loïg Guern aus Clohars hatte der jungen Erbin Marc'harid die Jungfräulichkeit genommen, und so versprach er ihr, sie zu heiraten. Die Trauung sollte am Tag der Waldprozession, dem Fest der Vögel, im Wald von Toulfoën stattfinden. Eines Abends kehrten die Brautleute von einem Besuch bei Verwandten in Guidel zurück und stiegen hinab zum Fähranleger Carnoët, um die Laïta zu überqueren, die von Quimperlé ab die Wasser von Isole und Ellé dem Meer zuführt.

Der Fährmann stand in seinem Boot. Marc'harid stieg ein, doch Loïg wollte sich eine Pfeife anzünden, und so bat er, daß man auf ihn warte, lief zu der nahe gelegenen Kate seines Paten und holte ein glimmendes Holzstück. Als er wieder hinaustrat, hatte das Boot das Ufer bereits verlassen. "Halt! rief Marc'harid, was wird Loïg zu Deinem Verrat sagen?". Der Fährmann jedoch stellte sich blind und taub, stand da mit verschränkten Armen, indes das Boot ohne Segel und Ruder auf das Meer zutrieb und die junge Frau voller Entsetzen sah, wie sich am Ufer Leichentücher wringende Gespenster wanden(I). "Fährmann, brüllte Loïg, kehr'um, sonst breche ich Dir das Genick!" - vergeblich.

Wie ein Schatten tauchte eine alte Bettlerin aus dem Farnkraut : "Mich dünkt, Deine Verlobte ist verloren. Du wirst Dich nach einer anderen Frau umsehen müssen, die ihr Leben mit Dir teilt. Marc'harid hat vergessen, das Zeichen des

Kreuzes zu machen und zurückgeschaut, als sie in das Boot stieg. Der Fährmann ist ein Hexenmeister, der mit dem Teufel im Bunde ist. Er bringt sie geradewegs zum "Strand der Toten".
Verzweifelt sinkt Loïg zu Boden.
"Steh auf, Loïg, mein Sohn! So manches Mal hast Du Dein Brot mit mir geteilt. Ich will es Dir heute mit einem Almosen vergelten, das hundertmal soviel wert ist wie Geld : Um Mitternacht sollst Du am "Hirschfelsen" mitten im Wald einen Stechpalmenzweig brechen. Diesen tauchst Du ins Weihwasserbecken der Kapelle Saint-Léger. Dann rufe den Fährmann herbei. Im Boot halte die Augen nach vorn gerichtet und bete den Rosenkranz bis zur dreiunddreißigsten Perle. Dann befiehl dem Hexenmeister, Dich "lebendig zum Strand der Toten" zu fahren. Achte auf die rechten Worte : "*e beo war drêzenn ar re varo*, lebendig zum Strand der Toten!".

Loïg Guern hat die Stechpalme gebrochen, den Rosenkranz seiner Mutter genommen und in der Kapelle des heiligen Léger, des Schutzpatrons der Verlobten, gebetet, die Stirn gegen das Weihwasserbecken gelehnt, in dem der Zweig lag. Kurz darauf steht er am Ufer. Er ruft den Fährmann herbei. Geräuschlos gleitet das Boot ans Ufer. Loïg steigt hinein, die Stechpalme im Gürtel, den Rosenkranz in der Hand, den Blick nach vorn gerichtet. Der Fährmann flucht leise und nimmt die beiden Ruder. Der junge Mann betet den Rosenkranz. Aber die Erinnerung an das Antlitz der geliebten Braut mindert die Inbrunst seines Gebetes. Bei der dreißigsten Perle entgleitet ihm der Rosenkranz und fällt ins Wasser. Sofort ändert sich die Fahrtrichtung, und das Boot nimmt Kurs auf die offene See. In panischer Angst schlägt Loïg dem Fährmann mit dem geweihten Palmenzweig ins Gesicht, worauf dieser mit einem lauten Aufschrei verschwindet. Das Boot zerschellt an einem Riff.

Der Fährmann an der Laïta soll sich in eine knorrige Eiche verwandelt haben. Am Tag der Prozession von Toulfoën und auch am Hafen von Le Pouldu murmelte lange Zeit ein armer, zerlumpter Mann mit traurigem Blick den Namen Marc'harid leise vor sich hin und bat die guten Seelen, ihn zum Strand der Toten zu geleiten.

---

(1) Das Wringen von Bett - oder Leichentüchern symbolisiert das Herannahen des Todes.

Als Isolde, die Blonde, die Königin, im Hafen von Penmarc'h an Land geht, läutet von allen Türmen die Totenglocke.

ISOLDE WEIßHAND

Belle amie, si est de nous,
Ni vous sans moi, ni moi sans vous.
(Marie de France)

Wisset, nirgends sonst als in der Bretagne starb, das Antlitz zum Meer gewandt, er, dessen Liebe nicht ihresgleichen kannte, Tristan von Loonois. Der Ehre halber hatte er sich schweren Herzens von seinem süßen Lieb, der blonden Isolde, trennen müssen. Im hohen Saal der Burg zu Carhaix fand er die Tochter des Herzogs Hoël : Die Jungfer voller Liebreiz sang ein Spinnerlied, derweil ihre weißen Hände eine Stickerei aus goldenen Fäden wirkten. Und wisset, Isolde war ihr Name, und diesem Namen zuliebe vermählte sich Tristan mit ihr. An der anderen Isolde jedoch hing sein Herz, und so brach er der ihm Angetrauten die Treue.

Nun begab es sich, daß er in einer Fehde gegen den Baron Bedalis durch einen Lanzenstich schwer verwundet wurde und langsam dahinsiechte. Als er spürte, daß es mit ihm zu Ende ging, verlangte er nach der blonden Isolde. Er rief den tapferen Kaerden, seinen Schwager, zu sich und trug diesem auf, in See zu stechen, um die Königin Isolde aus Cornwall zu holen. Er solle, so vereinbarten sie, ein weißes Segel aufziehen, brächte er die Königin Isolde mit sich zurück, ein schwarzes, käme er allein.

Isolde Weißhand entdeckt Tristans Geheimnis. Vor lauter Schmerz schwinden ihr die Sinne. Sie liebt ihren Gemahl zu sehr, als daß sie bis zum Tode eine andere an seiner Seite dulden könnte. Die bittere Saat der Rache beginnt in ihrem Herzen zu keimen. Wer möchte es ihr verdenken?

Auf sein Geheiß wird Tristan auf die Felsen von Penmarc'h getragen, der Sage nach der Hafen von Carhaix. Glaubt Ihr nicht, was die Sage erzählt, so handelt Ihr nicht klug. Tristan lebt nur noch in der Erwartung des Wiedersehens. Er läßt den Horizont nicht aus den Augen. Indes muß Kaerdens Schiff auf hoher See gegen den Sturm kämpfen, gegen den Wind kreuzen auf und ab und hin und her. Tristan wird von Schwäche übermannt, der Tod naht. Man trägt ihn zum Herrenhaus zurück. Isolde, seine Gemahlin, steht noch immer auf den Felsen, als das weiße Segel am Horizont erscheint.

-"Mein Freund, Kaerdens Schiff läuft ein. Es bringt Euch Rettung.l
- Sagt mir, von welcher Farbe ist das Segel?
- Herr, schwarz ist das Segel", erwidert die Eifersüchtige.
Tristan wendet sich zur Mauer. Dreimal seufzt er : "Isolde", dann haucht er seinen Geist aus. Umsonst umhalst und küßt ihn die Gemahlin Isolde Weißhand. Es ist um ihn geschehen.

Als Isolde, die Blonde, die Königin, im Hafen von Penmarc'h an Land geht, läutet von allen Türmen die Totenglocke. Sie ist verwundert über die tiefe Trauer, die in den Straßen herrscht. Man sagt ihr, daß der tapfere Tristan hingeschieden ist. Da läuft sie, so schnell sie kann, zur Burg hinauf mit wehenden Haubenbändern und flatterndem Brusttuch. Sie stößt die andere Isolde vom Totenlager fort, enthüllt Tristans Antlitz, küßt seinen Mund, und wirft sich über den Geliebten. Im selben Augenblick versteinert sich ihr Herz und bricht aus Liebe zu Tristan.

 Indes stirbt die andere Isolde am selben Liebesleid.

Wisset, daß der braune Tang bei Penmarc'h schmerzerfüllt bittere Tränen ins Meer vergießt. Nicht etwa die leidenschaftliche Liebe von Tristan und der blonden Isolde, deren prunkvolle Grabmäler in Tintagel eine fest verwurzelte Brombeerranke verbindet, beweint er, wohl aber das Herzeleid der anderen Isolde, der Bretonin mit den weißen Händen, der einfachen, der schönen Isolde Weißhand, die zwischen Penmarc'h und Carhaix an ihrer einsamen Liebe starb und heute einsam ruht in ihrem unbekannten Grab.

DIE BIRVIDEAUX

Kerhamb bredér ag er mor don
Lézamb er jibl hag er goumon
  (Roperh er Mason)

Draußen vor der wilden Küste von Quiberon strahlt ein Licht am nächtlichen Himmel : Es ist der Leuchtturm von Birvideaux, die Kerze auf dem Grab der versunkenen Stadt Aïse, das letzte Signal, das die Welt der Lebenden an sie erinnert. Sie liegt auf einem vom Meer überfluteten Plateau; nur noch einige Riffe ragen aus dem Wasser, nackte Klippen in schäumender Gischt, die einst das Herz der sanften Hügel von Aïse bildeten. Das war zu einer Zeit, da die Insel Houat nur einen Katzensprung von der Pointe de Quiberon entfernt lag. Schon lang' ist's her!

Damals pflegten die Birvideaux - die Bewohner von Aïse - in Quiberon oder in Kermorvant, einem Dorf auf der Halbinsel, die Messe zu besuchen. Auf dem Rücken von Eseln kamen sie gemächlich auf einem befestigten Gerölldamm herüber. Doch das Meer begann, an den Geröllsteinen zu nagen. Nach und nach verschwand der ganze Damm in seinem wogenden Bauch. Schon bald war Aïse eine Insel, die ständig kleiner wurde, aus den Birvideaux wurden Inselbewohner, die verzweifelt miterleben mußten, wie das Festland immer weiter in die Ferne rückte. Sie bauten Schiffe, um auch weiterhin die Messe auf dem Kontinent besuchen zu können. Doch nicht immer konnten sie die Meerenge überqueren. Im Archiv von Quiberon soll es noch unlängst eine vom Ortspfarrer unterzeichnete Urkunde gegeben haben, die den Birvideaux Absolution erteilte, wenn sie wegen Sturm und schweren Seegangs dem sonntäglichen Gottesdienst nicht beiwohnen konnten. In einem besonders stürmischen Jahr versank schließlich die ganze Stadt in den Fluten. Sie versank mit einem Schlag, mitsamt den Birvideaux, die sie nicht hatten verlassen wollen. Als Lohn für die unverbrüchliche Treue zu ihrer Stadt dürfen sie in der Tiefe des Meeres weiterleben. Wenn sich die Wellen an den Riffen von Quiberon krachend brechen, vernimmt man seltsame menschliche Stimmen in der tosenden Brandung. Es sind die Kinder von Aïse, die ihr Schicksal beweinen.

Die Birvideaux nähren sich von blauen Miesmuscheln und grauen Napfschnecken. Sie leben zusammen mit den Krebsen in den Höhlen und wandeln klagend durch die Straßen der einstigen Stadt, durch die flüchtig lange Fischschwärme ziehen. Tun die Birvideaux hier Buße für alte Sünden, von denen wir nichts wissen? Oder ist ihre Bindung an die Stadt so stark, daß sie sich weigern, Aïse dem stummen Abgrund zu überlassen? Andere meinen, die Stadt der Birvideaux sei heute der Treffpunkt der Schiffbrüchigen. Hier warten sie auf eine ungewisse Erlösung, es sei denn, sie hätten hier das Paradies gefunden. Wer wird es je sagen können?

Jedes Jahr fällt auf den Wallfahrtstag von Saint-Colomban der Feiertag der Birvideaux. An diesem Morgen verlassen sie die Ruinen der Unterseestadt Aïse, folgen dem einstigen Gerölldamm, und wenige "Auserwählte" dürfen beobachten, wie sie in feuerrote Mäntel gehüllt hoch oben auf den Kliffs von Quiberon erscheinen. Die aus reinstem Feuer gewebten Mäntel schützen die Birvideaux von Kopf bis Fuß, wenn sie aus der beißenden Kälte des Meers auftauchen. Roperh er Mason hat sie gesehen. Er hat gehört, wie ihr *Kyrie* und ihr *Gloria* in der Kapelle des heiligen Colombanus erklangen, bevor er selbst in bretonischen Versen die hohe Liturgie derer, die auf dem Meeresgrund leben, anstimmte.

Das Brausen des auflaufenden Wassers verkündet das Ende der Wallfahrt und ruft die Birvideaux zurück ins Meer. Die auf der Erde leben tragen auf den Hügeln Reisigbündel zusammen, die der Dorfpfarrer in Brand steckt. Die Bewohner des Unterseeplateaus treten einer nach dem anderen ans Feuer und werfen ihren brennendroten Mantel hinein. Dann steigen sie zur felsigen Küste hinab und setzen ihren Weg unter Wasser fort, bis sie zu dem versunkenen Aïse gelangen. Im Augenblick, da der letzte verschwindet, verhüllt die Nacht die Halbinsel und draußen vor der Küste flammt im dunkel klagenden Brausen der Leuchtturm der Birvideaux auf.

Wenn sich die Wellen an den Riffen von Quiberon krachend brechen, vernimmt man seltsame menschliche Stimmen in der tosenden Brandung. Es sind die Kinder von Aïse, die ihr Schicksal beweinen.

MORVERH ENEZ ARH

LENN ar Mor Bihan eo patrom beo an amzer o tremen war deiziadur meur ar veinhir savet e tachennou Karnag. Ken niveruz emañ an inizi el lenn hag an deveziou er bloaz. Lod anezo a zo deveziou hesk ha digenvez, merher al ludu pe wener ar heuz. War lod-all emañ digemer taer ar zuliou sioul. Hag unan bennag a lid, e-kreiz ar glazvez hag ar bleuñvenn, goueliou braz ar horv hag an ene. Da skouer, an hini he-deus kollet he ano koz, Izenah, hag e vez greet outi bremañ Enez Venah.

Honnez a oa Izenah d'an amzer ma tigoueze fonnuz ha puilh ar burzudou war al lenn. Da zerr-noz, a-wechou, brall ar hleier lonket a zaskrene hoaz war gorre ar mor. An *Ankeu* e-unan a gantree da heul ar redou, heb falh na karrigell, e vell dorn o vounta al listri war ar rehier. Hogen, euz Gaoriniz beteg Konlo, eun teuz a lakee ar vorêrien war ziwall ouz taoliou-yud an avel. Ar pôtr-ze a oa outañ eur morêr tano-e-fri. Kared a ree pignad d'an noz, e-unan kaer, war eul lestr difardet en eur porz bennag, en inizi. Klevet e veze o sevel an eor, o sterna ar goueliou hag o kas kuit. D'ar zav-heol, al lestr en em gave endro, peb tra war e-rez ennañ, da gredi n'e-noa dizeoriet morse. Pa veze ganti gouenn eur barrad-amzer, ar pôtr a c'hwese an dra araog ar henta diougan. E vouez a zave war al lenn da gemenn e oa poent derhel ar bagou porziet: da staga ! Biskoaz n'eo bet faziet.

D'an amzer-ze, Izenah ne oa ket disrannet hoaz diouz Arh, an enezenn gichen. Eur chaoser striz o houble o-diou. Arhiz, avad, ne oant nemed peske-terien, Izenahiz a rede moriou ar bed war fourgadennou ar henwerz. Morêrien Izenah a oa outo aotrounez-mor, eur seurt tudjentil hag o-dije kredet terri noblañs en eur ober kompagnunez gand o amezeien baour. Hogen, eur wech e tigouezas ma oe taget unan gand ar hleñved a garantez e-keñver eur plah euz Arh, ken e rannas kalon ha gerent.

Plahig Arh a oa kaer meurbed, kaerroh eged merhed Izenah ma red koulskou-de brud o hened dre ar bed. Ken brao mouez he-doa da gana ma ne oa ket lakeet merh d'eun dister a besketer. Denjentil Izenah a baouezas da gleved mouez ar pôtr-noz o c'hoari gand ar fourgadennou evid selaou kana e vuia-karet nemedken. Ha kaoz a oa gantañ da zimezi pe da vervel.

Neuze, ar gerent a yeas da gavoud ar veneh hag a bedas ar re-mañ da zerhel o mab en eur hell e-pad pell awalh evid dezañ distrei d'e benn mad. Marteze e vije deut ar pare dezañ, dre jom gantañ e-unan, ma n'he-defe ket gouzañvet ivez plahig Arh ar hleñved a garantez evitañ. Pa zeuas da houzoud e oa dalhet en eur hloz gand meneh Izenah, hi a dreuzas ar chaoser ken aliez ha bemdez evid mond da gana d'he mignon dindan moger ar manati. Ken flour e oa he mouez ma semple an denjentil er vah, ken kaer ma talhe eneziz o alan ganto, ken boemuz ma kolle ar veneh zoken penn o fateriou. War veno ar priol, se a oa merk an Droug-Spered. Hag eñ a reas kemend ha ma oa d'ober evid diwall e dud outañ. Eun nozvez, ar chaoser a gase euz Arh da Izenah a oe lonket dindan an amzer. Eur wech harluet en he enezenn, ar ganerez a gollas kalon hag en em daolas er mor.

Abaoe m'eo echu amzer ar gouéliou-lien, mouez ar pôtr ne halv ket ken war al lenn. Marteze e stern, hiviziken, didrouz-kaer war listri-noz Izenah. Hogen, marvailhou ar garantez a zo treh d'ar bed o kemma. Plahig Arh a zo troet da vorverh e rannvor Izenah, e-leh ma sav he mouez burzuduz eur hlemmgan ha ne davo ket warhoaz. Izenah a vousc'hoarz gand e gwez-heskeud ha mimozañ. Digemeret oh ganti, a-boan douaret, e-touez pin Koad ar Garantez. Daoust hag eo dre zigouez pe da zerhel koun ar vojenn ma 'z oh kaset dre gaer war henchou Taolenn al Lez beteg Koad an Huanad ha Koad ar Heuz ?

DIE MEERJUNGFRAU VON DER INSEL ARZ

Der Golf von Morbihan ist ein Abbild der Zeit, die verstreicht im Angesicht der Megalithe auf den Feldern bei Carnac. Es gibt im Golf ebenso viele Inseln wie Tage im Jahr. Manche sind wie öde, leere Tage, wie der Aschermittwoch, wie die Bußtage. Andere atmen die stille Inbrunst schöner Sonntage. Einige schließlich laden Leib und Seele zu großem Feste inmitten von Bäumen und Blumen. So auch jene Insel, deren ursprünglicher Name Izenah fast ganz in Vergessenheit geraten ist und die heute Ile-aux-Moines, die Mönchsinsel genannt wird.

Sie hieß Izenah zu der Zeit, da der Golf an Wundern überreich war. Damals ließ an manchen Abenden der Klang versunkener Glocken die Wasser erzittern. Der *Ankeu* (I) höchstpersönlich streifte ohne Sense und Karren von der Strömung getragen umher und drückte mit seiner großen Hand die Schiffe gegen die Klippen. Zwischen Gavrinis und Conleau warnte ein freundlicher Geist die Seeleute vor den Tücken des Windes. Dieser *pôtr* (2) war selbst ein tüchtiger Seefahrer. Er liebte es, des Nachts in irgendeinem Inselhafen allein an Bord eines abgetakelten Schiffes zu gehen. Man hörte, wie er den Anker lichtete, die Segel setzte und auslief. Am anderen Morgen lag das Schiff wieder im Hafen, an Bord war alles an seinem gewohnten Platz, ganz so als wäre es niemals ausgelaufen. War ein Sturm im Anzug, witterte *pôtr* ihn, noch vor dem ersten sichtbaren Anzeichen. Dann erhob sich seine mächtige Stimme über dem Golf und forderte dazu auf, die vor Anker liegenden Boote fest zu vertäuen : Festmachen! schrie er. Er hat sich nie geirrt.

Zu jener Zeit war Izenah noch nicht von ihrer heutigen Nachbarin, der Insel Arz, getrennt. Ein schmaler Damm verband sie miteinander. Die Leute von Arz waren einfache Fischer, während die Bewohner von Izenah auf großen Handelsschiffen die Weltmeere befuhren. Die Seeleute von Izenah fühlten sich als wahre Herren der Meere, als Adlige sozusagen, die der Meinung waren, gegen ihre Standesehre zu verstoßen, würden sie mit ihren armen Nachbarn verkehren. Nun begab es sich aber, daß einer von ihnen sich zur großen

Zu der Zeit, da der Golf an Wundern überreich war, ließ an manchen Abenden der Klang versunkener Glocken die Wasser erzittern. Zwischen Gavrinis und Conleau warnte ein freundlicher Geist die Seeleute vor den Tücken des Windes.

Verzweiflung seiner Eltern in ein Mädchen von Arz verliebte.

Das Mädchen von Arz war sehr schön, schöner noch als die Mädchen von Izenah, die noch heute in der ganzen Welt für ihre Schönheit berühmt sind. Es sang mit solch schöner Stimme, daß es einem schwerfiel zu glauben, es wäre eines einfachen Fischers Tochter. Der Edelmann von Izenah achtete nicht mehr auf die nächtliche Stimme des *pôtr,* der mit den Booten spielte; er lauschte nur noch dem Gesang der Geliebten und sagte, er werde sterben, könnte er sie nicht heiraten.

Da begaben sich seine Eltern zu den Mönchen und baten diese, ihren Sohn so lange in einer ihrer Zellen in Obhut zu nehmen, bis er wieder bei Verstand wäre. Vielleicht wäre er in der Einsamkeit genesen, hätte sich die Schöne von Arz nicht ihrerseits in ihn verliebt. Als sie erfuhr, daß er bei den Mönchen von Izenah eingesperrt war, kam sie Tag für Tag über den Damm und sang am Fuße der Klostermauern für den Geliebten. Sie sang mit so lieblicher Stimme, daß dem Edelmann in seinem Gefängnis die Sinne schwanden. So schön klang ihre Stimme, daß es allen Inselbewohnern den Atem benahm, so verführerisch, daß selbst die Mönche in ihren Gebeten stockten. Der Prior sah darin eine Offenbarung des Teufels und tat das Nötige, um seine Schafe vor dem Bösen zu schützen. Eines Nachts versank der Damm, der Arz mit Izenah verband, in den Fluten. Die auf ihrer Insel festgehaltene Sängerin stürzte sich in ihrer Verzweiflung ins Wasser.

Seitdem die großen Segler ausgedient haben, ruft die Stimme des *pôtr* nicht mehr über den Golf. Vielleicht segelt er nunmehr in aller Stille mit den Gespensterschiffen von Izenah umher. Indes, die Geschichten von Liebe und Tod siegen über den Wandel der Welt. Das Mädchen von Arz hat sich in eine Meerjungfrau verwandelt, die mit wunderschöner Stimme bei Izenah noch immer ihr Klagelied singt und noch lange singen wird. Mit ihren Eukalyptusbäumen und Mimosen lächelt Izenah dem Besucher zu. Bei der Landungsbrücke heißen ihn ihre Kiefern im "Liebeshain" willkommen. Ist es Zufall oder Erinnerung an die Sage? Ihre "Carte du Tendre" (Karte des Landes Zärtlichkeit) führt ihn sanft zum "Wäldchen der Seufzer" und zum "Wald der Trauer"!

(1) Ankeu : im bretonischen Dialekt von Vannes sprachliche Variante von Ankou : der Tod.
(2) pôtr : bret. Bursche.

DAS TOTENSCHIFF

Etre an Enez hag ar Raz
Eman bered ar wazed.

Steht man auf der bugförmigen Pointe du Raz und blickt zur Pointe du Van hinüber, so sieht man, wie sich mächtige Wogen an einem Strand zwischen den beiden Kaps brechen. Es ist der Strand der Verstorbenen, die "Bucht des Greuels", wo sich die Ertrunkenen treffen und auf das Boot warten, das sie ins Jenseits geleitet. Doch nennen ihn die Fischer von Cléden einfach nur "Nordweststrand". Man findet im Geröll kein menschliches Gebein. Es werden nicht mehr Leichen als andernorts von der Strömung angespült. An manchen Tagen ist das Meer so ruhig, die Sonne so strahlend, daß der bloße Gedanke an den Tod einer Sünde gleichkäme. Dennoch drängt sich das unsichtbare Volk der Verstorbenen in dieser Bucht, an diesem Strand zusammen.

In den Wassern der Bucht treiben unzählige Ertrunkene : die schönsten und mutigsten Seeleute der Welt, die sich Morgane zum Gemahl wählte. Aber es ist Morganes Schicksal, daß ihr Kuß ihre Liebhaber tötet, so daß sie stets nur Leichen in den Armen hält. Sie treiben in der Strömung und kein Fisch würde es je wagen, sie zu schänden. Andere Christen ertranken, während sie sich freien Willens der heidnischen Morgane hingaben. Diese sind dazu verurteilt, mit dem Taufmal auf der Stirn bis zum Jüngsten Gericht umherzuirren. Vergeblich versuchen mitleidige Fischer, denen sie begegnen, sie in ihr Boot zu ziehen. Die Verdammten gleiten ihnen aus der Hand. Vom Totenschiff sehen sie nur den Kiel.

In der Bucht der Verstorbenen warten auch die Seelen derjenigen, deren Leichname vom Meer freigegeben wurden. Es waren zumeist ehrliche Seeleute, die in Frieden mit Gott und den Menschen lebten. Dieser Unverdorbenheit verdanken sie, daß sie genug Macht über die Wellen haben, welche sie ans Ufer tragen, wo sie in geweihter Erde beigesetzt werden können. Einige jedoch müssen eine geheimnisvolle Schuld auf sich geladen haben, denn ihre Leichname werden vom Meer ausgespuckt, das nicht von ihnen besudelt sein will. Auch sie will das Totenschiff nicht an Bord nehmen.

Solange die Welt besteht, steuert das Totenschiff in bestimmten Nächten die Bucht der Verstorbenen an. An der Pointe du Raz oder an der Pointe du Van erhebt sich eine mächtige Stimme und ruft einen Fischer bei seinem Namen. Der Mann ist darüber nicht verwundert. Er weiß, daß seine Vorfahren schon immer die Toten übergesetzt haben und daß sie für diesen Dienst keinerlei Abgabe an ihre irdischen Herren zu leisten hatten. Er steigt zur Nordwestbucht hinab. Ein langes Boot liegt dort fertig zum Auslaufen. Es scheint leer, und doch liegt es bis zur Bordkante im Wasser, als drohte es, unter der Last zu sinken. Umgeben vom Gemurmel der inständig Bittenden bahnt sich der Fischer einen Weg durch die unsichtbare dichtgedrängte Menschenmenge. Kaum daß er seinen Platz am Ruder eingenommen hat, wird wie von Geisterhand ein Segel gesetzt und das Totenschiff entfernt sich vom Strand. Die Seelen, die es hinter sich zurückläßt, brechen in lautes Schluchzen aus. Der Fischer steuert das Boot durch die Klippen und hält Kurs auf die Insel Sein. Sobald er dort angelegt hat, spürt er, wie das Boot leichter wird und immer weiter aus dem Wasser taucht, je mehr unsichtbare Passagiere aussteigen. Nun darf er das Festland wieder ansteuern. In dem Augenblick, da er in die verlassene, stille Bucht einläuft, ist das Boot nur noch ein Schatten; sobald er wieder Boden unter den Füßen hat, ist es ganz verschwunden.

Auf die Frage, ob das Totenschiff noch immer in die Bucht der Verstorbenen einläuft, wagt niemand zu antworten. Kein Fischer aus der Gegend um das Cap Sizun hat je zugegeben, die Seelen gefahren zu haben. Jener, der zum Fährmann der Toten bestimmt wird, muß von da an als Fremder unter seinen Mitmenschen leben, bis er zum *Ankou* (I) des Meeres wird.

(I) Ankou : der Tod, der Sensenmann.

DIE RIFFE VON PENMARC'H

Wollt Ihr eine wunderbare Geschichte aus der Minnezeit hören, so will ich Euch erzählen, wie ein Ritter aus Penmarc'h seine Gemahlin beinahe verloren hätte durch unkluges Wort und zauberisches Blendwerk. Doch wegen der großen Liebe, die sie für ihn empfand, wurde sie ihm zurückgegeben.

Arveragus de Kerrud war sein Name, Dorigen der ihre. Am Gestade von Penmarc'h lag ihrer beiden Herrenhaus; nach ihrer Vermählung lebten sie hier mehr als ein Jahr glücklich zusammen. Dann kam der Tag, da der Ritter nach Britannien aufbrach, um dort, wie es einem Edelmann gebührte, Ruhm zu erringen. Zwei Jahre lang sollte er in der Ferne bleiben; doch er war keine acht Tage fort, da wollte der zum Warten verurteilten Dorigen das Herz brechen vor lauter Seufzen, Weinen und Klagen. Tag für Tag sah man sie am Strand nach einem Segel Ausschau halten. Sie erschrak beim Anblick der schwarzen Riffe, die wie reißende Tiere die Wellen anfauchten und mit ihren zackigen Rücken die Hafeneinfahrt versperrten. Jene, deren Männer auf dem salzigen Wasser fahren, werden sich über ihre Angst nicht wundern. Jene, die die gefürchteten Fahrrinnen zum Hafen von Penmarc'h kennen, werden Mitleid für sie empfinden.

Nun begab es sich, daß am Morgen des sechsten Maientages Freunde Dorigen in einen Obstgarten führten, wo inmitten von Blumen schöne Reigen getanzt wurden. Der jungen Frau stand der Sinn nicht nach Zerstreuung. Sie hielt sich abseits. Da war ein schöner Knappe, mit Namen Aurelius, der besser tanzte als alle anderen. Seit geraumer Zeit warb er um die Gunst Dorigens und schrieb ihr zu Ehren Lais und Klagelieder, die er aber niemandem zu Gehör brachte. Am nämlichen Tage konnte er sein Geheimnis nicht länger bewahren : "Herrin, erbarmt Euch meiner oder ich bin des Todes!". Zunächst geriet Dorigen ob der Kühnheit in Zorn. Der klagende Aurelius hörte jedoch nicht auf, sie zu belästigen, und so hielt sie es für klug, die Angelegenheit ins Lächerliche zu ziehen :

Dorigen erschrak beim Anblick der schwarzen Riffe, die wie reißende Tiere die Wellen anfauchten und mit ihren zackigen Rücken die Hafeneinfahrt versperrten. Jene, die die gefürchteten Fahrrinnen zum Hafen von Penmarc'h kennen, werden Mitleid für sie empfinden.

"Edler Knappe, ich kann mich erst dann dazu entschließen, Euch zu gehören, wenn Ihr all jene Riffe, die die Schiffe aufschlitzen und die Seeleute in die Tiefe reißen, fortgezaubert habt. Erwartet von mir nicht die geringste Gunst, bevor Ihr diese Tat nicht vollbracht!".

Vergeblich fleht Aurelius Lucine, die Mondgöttin, an, sie möge das Wasser so weit ansteigen lassen, daß es die höchsten Felsen mindestens zwei Jahre lang sechs Klafter hoch bedeckte. Lucine ist entweder machtlos oder sie erhört ihn nicht. Indes kehrt Arveragus aus Britannien zurück. Dorigen und ihr Gemahl verleben glückliche Tage miteinander, derweil der Knappe vergeblich in Zauberbüchern Rat sucht.

Da hört ein Bruder des Aurelius, seines Standes ein Geistlicher, von einem Zauberer aus Orléans - ein Meister des Blendwerks und des Gaukelspiels. Die beiden Brüder suchen ihn auf, nehmen ihn mit nach Penmarc'h und bitten ihn, die der Küste vorgelagerten, wie furchterregende Rudel kauernden schwarzen Riffe eine Zeit lang unsichtbar zu machen. Ich kann nicht sagen, wie der Zauberer zu Werke ging, nur daß er in die Hände klatschte, worauf die See so glatt und weich wie die Wange einer jungen Schäferin ward. Der triumphierende Aurelius ließ Dorigen ausrichten, er habe ihre Forderung erfüllt, sie möge nun ihrerseits ihr Versprechen einlösen.

Wer war jetzt in tiefster Seele betrübt und bekümmert ob dieser Kunde? Die treue Gemahlin! O weh! In Tränen aufgelöst mußte sie dem Gemahl ihre Unbedachtsamkeit gestehen. Und, seinem Schmerz zum Trotz, forderte der redliche Ritter sie auf, sich zu Aurelius zu begeben und ihm zu Diensten zu sein in allem, was er nur von ihr verlangen möge.

Hört nun, wie die Geschichte doch noch ein glückliches Ende nahm. Als der Knappe Dorigen kommen sah, war er so voll des Mitleids und hegte eine so große Bewunderung für den edelmütigen Arveragus, daß er Dorigen ihres Eides entbunden zum Gemahl zurückschickte. So eilte sie zu ihrem auserwählten Ritter zurück; bis zu ihrem Tode lebten sie so glücklich miteinander wie am ersten Tag ihrer Ehe.

Aber der Zauberer von Orléans kehrte in seine Heimat zurück. Kaum war er fort, war der Zauber gebrochen, und die schwarzen Riffe tauchten an der Hafeneinfahrt von Penmarc'h wieder auf. O weh! Gott stehe uns bei! Sie liegen noch immer dort.

NINOC'HS WEIßE HIRSCHKUH

Alas , ma mamm, lavarit din
Pe ruz pe glas in d'an iliz.

Zwischen der Pointe du Pouldu und der Mündung des Blavet, am Teich von Lanenec und in der Heide von Biouée erklingen in der Abenddämmerung bisweilen Hörner, deren Echo im fernen Sund von Groix widerhallt; am Ufer erschallt Hundegebell, Wurfspieße lassen das Laub erzittern, während ein Leuchten pfeilschnell von Busch zu Busch gleitet. Es ist die gespenstische Erscheinung einer leichtfüßigen Hirschkuh, die vor den Jägern in die Kapelle der heiligen Ninoc'h flüchtet, um bei ihr Schutz zu finden wie vor zweitausend Jahren. Alsdann dürfen die jungen Männer, die zu dieser Stunde auf dem Weg, der sie zu ihrer Verlobten führt, ihre Holzschuhe abwetzen, sich nicht rühren und müssen die Augen fest geschlossen halten, bis das Halali der Jäger verklungen ist. Denn ein jeder, der Ninoc'hs weiße Hirschkuh in der Abenddämmerung erblickt, muß am Tage seiner Hochzeit sterben.

So erging es einst auch dem Grafen Alain, dem Herrn von La Sauderaie. Seine Burg erhob sich an der Küste und gab seit eh und je den Zinnen des Herrenhauses von Kerisouet Widerpart. Die beiden Adligen lagen in Fehde miteinander, denn ein jeder beanspruchte für sich die im Sturm vor der Küste gestrandeten Schiffe. Alles, was durch die enge Einfahrt von Loc'h gelangte, alles tote und lebendige Gut ging in den Besitz des Herrn von La Sauderaie über. Zwischen Lann-an-Nec'h und Pouldu brachte der Herr von Kerisouet die Ernte ein. Immer wieder jedoch gerieten sie in Streit um dies oder jenes gestrandete Schiff; da zogen mit finsterer Miene der beiden Herren Landsknechte in Lederwams und Helm zum Strand, maßen sich im Schwertkampf, hieben und stachen, und doch konnte keiner den anderen besiegen. Und nach jedem Waffengang spülte die Flut das vergeblich vergossene Blut mit sich fort.

Der Herr von Kerisouet hatte eine Tochter- Gertrude war ihr Name -, und die Armen liebten sie sehr, denn ihr verdankten sie, daß es ihnen an Brot, Kleidern und festem Schuhwerk nicht mangelte. So sehr bemühte sie sich, zwischen den Gegnern Frieden zu stiften, daß der ungestüme Graf Alain von La Sauderaie sich in sie verliebte. Und so wurde Hochzeit gefeiert, so prächtig gemacht, daß man sich in den Gemeinden Ploemeur, Guidel und Clohars noch heute davon erzählt. Die Brautleute plauderten in der Abenddämmerung unter den Bäumen von Kerisouet, als Ninoc'hs weiße Hirschkuh schnell wie ein Pfeil an ihnen vorüberschoß. Hinter ihr brach der Lärm der gespenstischen Jagd los. Graf Alain konnte seinen Unmut nicht im Zaume halten : Er stürzte fort, jene zu strafen, die sich erdreisteten, auf seinem Land eine Hirschkuh zu jagen. Man hat nie erfahren, was sich dabei zutrug; allein, man fand seinen Leichnam. Darüber ereilte die schöne Gertrude der Tod, noch bevor sie das rote Brautkleid abgelegt hatte.

Viele Jahre später wohnte an diesem Ort der unglückselige Guionvarc'h, ein echter Bretone, den einst eine *touriganez*, eine böse Fee, aus der Wiege stahl und mit Schlangensaft nährte. Darob sollten ihm Glück und Frieden versagt bleiben. Doch er vergaß seine Bestimmung und willigte in die Verlobung mit der zarten Marivonig, der Tochter des Müllers von La Sauderaie, ein. Eines Abends, da sie am Fuß der Schloßmauern verliebt miteinander plauderten, brach die weiße Hirschkuh plötzlich aus einem Gebüsch hervor. Am Tage der Trauung brach der Ring, den Guionvarc'h Marivonig an den Finger stecken wollte, entzwei, und die Kerzen am Altar wollten nicht brennen. Ich will lieber für mich behalten, wie der junge Mann noch am Hochzeitstag in der Abenddämmerung zu Tode kam. Die Mädchen aus Clohars, Guidel und Ploemeur würden vor Entsetzen erstarren, sie, deren Freier nachts auf dem Weg zu ihnen ihre Holzschuhe abwetzen und dabei Gefahr laufen, Ninoc'hs Hirschkuh, des Todes weißem Vorboten, zu begegnen.

Die beiden Adligen lagen in Fehde miteinander, denn ein jeder beanspruchte für sich die im Sturm vor der Küste gestrandeten Schiffe. Zwischen Lann-an-Nec'h und Pouldu brachte der Herr von Kerisouet die Ernte ein.

KENTA PARDON SANTEZ ANNA

E bro binvidig ar Porze, eur palud seh ha gonezet gand an trêz e-neuz savet eur skoaz war ribl lenn-vor Douarnenez evid gwaskedi ouz an avel iliz Santez Anna, mamm-goz ar Vretoned. Amañ he-deus bevet an itron vad hag amañ eo distroet, goude hi marvet, he skeudenn vên da zizoania he fobl.

Ar re n'o-deus ket desket ar furnez el leoriou a gonto deoh penaoz Santez Anna a oa pried d'an aotrou a Voelien, m'eo bet savet e vaner gantañ nepell, e-kreiz ar mêziou. Kemend e oa-hi madelezus ha tener a galon e-keñver an dud paour, ha kemend e oa eñ eur mestr didruez. Pa zeuas da houzoud e oa e wreg o hortoz eur hrouadur, hemañ a daolas anezi er-mêz, dindan ar glao hag an avel-hoañv. Ar paour-kêz Anna, o leñva doureg, a gemeras hent ar palud hag a ziskennas war drêz Trefenteg. Hag aze, war gein ar mor arnevuz, e kavas eul lestr eoriet, eul lestr beuzet a houlou ma oa gantañ da wern eun êl gwenn en e zav. Santez Anna a bignas ennañ hag an êl a zisplegas e ziwaskell da gemer an avel ken brao ha goueliou. Mond a reas d'an douar e Bro-Jude.

Eur wech sevenet gand Santez Anna ar blanedenn tonket dezi er Reter, hi a houlennas an aotre da zistrei e-touez he Bretoned. An heveleb lestr en em ginnigas d'he zamma hag an heveleb êl, nemed e oa gwisket e du. An aotrou a Voelien, ar fall a zen, a oa eet da anaon ha Santez Anna en em gave intañvez.

Adaleg neuze, e chomas war ar palud hag e stagas da bedi. He zell a skle-rijenne lenn Douarnenez penn-da-benn hag he dorn, o fiñval nemedken, a daole ar hoummou d'an traoñ. Prestig e oa an dud paour da gredi e vleunie adarre, e bro ar Porze, Baradoz an Douar. Aze, Santez Anna a zigemeras eur wech he mab-bihan, an aotrou Krist, evel ma ouzer mad. Araog mond kuit etrezeg ar Reter (ken braz c'hoant e-noa, ne helle ket chom ganti), Jezuz a fellas dezañ rei d'e vamm-goz, da desteni a zoujañs, eun donezon dreist. An itron vad a hoan-teas e vije savet eviti eur chapel war gein ar palud. Eno, emezi, e rofe he fardon d'ar re hlan a galon, e parefe ar gouliou-beo, ez ingalfe ar peoh d'an eneou. An aotrou Krist a reas eur mousc'hoarz. Paka reas e vaz hag he zankas, war eun taol, e trêz ar palud seh. Eur feunteun a strinkas hag a gendalh da strinka, gouestl e asant.

Eun nebeud goude, Santez Anna a varvas e-kichen ar feunteun. A-boan kle-vet kelou he zremenvan, ha setu oll dud paour ar Porze war vale etrezeg ar palud. Pegen braz glahar evito o verzoud ne oa korv ebed ken. Evid an eil gwech ha da viriken, e oant dilezet gand an itron a Voelien, an itron vad. Hi, hag he-doa karet kemend-all, n'he-doa ket fellet dezi leuskel he rele-gou ganto da enori. Hag ar Vretoned en anken, war goueleh ar palud, a skuilhe daelou gwad.

Dres d'ar mare-ze, eur vag-pesketa a zouaras e pleg-mor Trefenteg. Ne oa pesk ebed ganti nemed, astennet er roued, eur pez mên kizellet war batrom Santez Anna. Al levenez a darzaz adarre war an dremmou, ar halonou a oe karget a laouenedigez. Greet e oe eur hravaz evid kas ar skeudenn beteg Plo-nevez ar Porze.

O kuitaad an trêz, ne boueze ket muioh ar mên war divreh an dougerien eged eul laouenanig war eun dervenn. Ponneraad e reas, avad, kammed goude kammed. Sklêr e oa ne felle ket dezi mond pell. Erruet el leh ma strinke ar feunteun, e oe ranket he diskarga d'an douar. Pa 'z ejod da glask adsevel anezi, biskoaz ne oe gouezet he fiñval eun disterra. Hag aze, war ar mên, e oe savet iliz ar palud.

Distro ar skeudenn eo bet kenta pardon Santez Anna. Lidet e vez beb bloaz abaoe. Da geñver an devez-se, Bretoned ar mêziou hag ar mor, gwisket ganto dilhajou braz ar gouliou, a zigas buhez bero d'ar palud seh ha loued gand eur prosesion he liviou laouen evid enori ar Zantez skoruz ha feal, o « itron dereãd meurbed ».

DAS ERSTE WALLFAHRTSFEST DER HEILIGEN ANNA

In der reichen Gegend von Porzay am Ufer der Bucht von Douarnenez stellt ein ausgetrocknetes, versandetes Moorland seine Schulter schützend vor die dem Seewind ausgesetzte Kirche der heiligen Anna, der Großmutter aller Bretonen. Hier lebte die gute Frau, hierher kehrte nach ihrem Tod ihr steinernes Bildnis zurück, ihrem Volke zum Trost.

Jene, deren Weisheit nicht aus Büchern stammt, werden Euch erzählen, daß die heilige Anna die Gemahlin des Herrn von Moëllien war, dessen Schloß nicht weit von dort inmitten der Felder liegt. Sie zeigte sich gut und milde gegen die Armen, ihr Gemahl jedoch war ein unbarmherziger Herr. Als er erfuhr, daß seine Frau guter Hoffnung war, stieß er sie hinaus in den winterlichen Regen und Wind. Die arme Anna lenkte weinend ihre Schritte zum Moor und stieg zum Strand von Tréfentec hinab. Und dort lag auf dem stürmischen Meer ein Schiff vor Anker, ein in Licht getauchtes Schiff, dessen Mast ein aufrecht stehender weißer Engel war. Die heilige Anna ging an Bord, der Engel breitete seine Flügel wie Segel aus, dem Wind entgegen. In Judäa gingen sie an Land.

Nachdem sich das Schicksal der heiligen Anna im Morgenland erfüllt hatte, bat sie um die Gunst, zu ihren geliebten Bretonen zurückkehren zu dürfen. Dasselbe Schiff nahm sie wieder auf, derselbe Engel begleitete sie - aber er war in Schwarz gekleidet. Der böse Herr von Moëllien war in die ewige Seligkeit eingegangen, die heilige Anna war Witwe geworden.

Sie machte sich im Moor ansässig und gab sich dem Gebet hin. Ihr Blick erleuchtete die ganze Bucht von Douarnenez, eine einzige Bewegung ihrer Hand glättete die Wogen, so wird berichtet. Die Armen mochten wohl glauben, das irdische Paradies blühe im Land von Porzay wieder auf. Hier bekam die heilige Anna eines Tages Besuch von ihrem Enkel, keinem anderen als Christus, unserem Herrn, wie jeder weiß. Bevor er ins Morgenland zurückkehrte - er konnte nicht länger verweilen, so sehr ihn auch danach verlangte -, wollte er durch eine besondere Gunst seine Liebe zur Großmutter bezeugen. Die gute Frau äußerte den Wunsch, man möge ihr zu Ehren eine Kapelle am Rande des Moors errichten. Hier würde sie allen reinen Herzen vergeben, Wunden und Geschwüre heilen, den Seelen Frieden erteilen. Der Herr Jesus lächelte ihr zu, nahm seinen Stock, trieb ihn mit einem einzigen Stoß in den unfruchtbaren Sand des Moores. Da tat sich eine Quelle auf, die noch heute sprudelt. Dies war das Zeichen für sein Einverständnis.

Wenig später verstarb die heilige Anna in der Nähe der Quelle. Die Kunde von ihrem Tode bewog die Armen aus dem Porzay dazu, sich zum Moor zu bewegen. Doch wie groß war ihr Schmerz, als sie merkten, daß der Leichnam der heiligen Anna verschwunden war. Ein zweites Mal, doch nun auf immer, verließ die gute Frau von Moëllien sie. Die Heilige, die sie so sehr geliebt hatte, hinterließ ihnen nicht einmal ihre sterblichen Überreste, die sie so gern verehrt hätten. Die zutiefst betrübten Bretonen weinten im öden Moor blutige Tränen.

Da lief ein Fischerboot in die Bucht von Trefeuntec ein. Sie hatten nicht einen einzigen Fisch gefangen, dafür lag in ihrem Netz ein großer behauener Stein : das Bildnis der heiligen Anna. Die Freude kehrte auf alle Gesichter zurück, Jubel erfüllte die Herzen. Man fertigte eine Bahre an, um das Bildnis nach Plonevez-Porzay zu tragen. Als man vom Strand aufbrach, wog es in den Armen der Träger nicht schwerer als ein Zaunkönig auf den Ästen einer Eiche. Mit jedem Schritt jedoch wurde die Last größer. Es war offenkundig, daß das Bildnis sich nicht entfernen wollte. Am Ursprung des Quells mußte man es niederlegen. Als man es wieder hochnehmen wollte, konnte man es nicht von der Stelle bewegen. Und dort, über diesem Stein wurde die Moorkapelle errichtet.

Die Rückkehr des Bildnisses war der Tag des ersten Wallfahrtsfestes der heiligen Anna. Seitdem findet es Jahr für Jahr statt. An diesem Tag ziehen die Bretonen aus dem Landesinneren und von der Küste in ihren Festtrachten nach Sainte-Anne du Porzay und beleben die dürre, graue Dünenlandschaft mit ihrem farbenfröhlichen Zug, um die treue, hilfreiche Heilige, ihre "sehr schickliche liebe Frau" zu verehren.

In der reichen Gegend von Porzay am Ufer der Bucht von Douarnenez stellt ein ausgetrocknetes, versandetes Moorland seine Schulter schützend vor die dem Seewind ausgesetzte Kirche der heiligen Anna, der Großmutter aller Bretonen. Hier lebte die gute Frau...

DER BROELLA-RITUS AUF OUESSANT

Es wird erzählt, daß auf der Insel Ouessant und im Archipel Molène ein Ertrunkener seiner Witwe oder einem Fremden erscheint - ein Vorzeichen dafür, daß sein Leichnam an einer bestimmten Stelle an der Küste angespült wird, wenn sich der Schiffbruch unweit der Insel zugetragen. Erscheint der Ertrunkene niemandem, so kann die Leiche am dritten, sechsten oder neunten Tag nach der Katastrophe ans heimatliche Ufer zurückkehren. Ist diese Frist verstrichen, wird sie nie mehr gefunden werden. Und dann wird der seltsame *broella*-Ritus gefeiert.

Der *broella* ist eine Scheinbestattung, der eine Totenwache, bei der nur der Körper des Verstorbenen fehlt, vorausgeht. Das bretonische Wort bedeutet "Rückkehr in die Heimat". In einem Glaubensakt wird dem ertrunkenen Seemann, dessen Leib in Form eines weißen Wachskreuzes gegenwärtig ist, die letzte Ehre erwiesen, damit seine Seele an den Freuden des Paradieses teilhabe.

"Heute abend wird bei Dir *broella* gefeiert" - durch diese schlichte Formel, die vom Familienältesten, mit gedämpfter Stimme gesprochen wird, erfährt die Mutter oder die Witwe, daß sie nicht länger hoffen darf. Sie läßt den "hohen Saal", den schönsten Raum herrichten. Auf dem Tisch, dessen oberes Ende mit leuchtenden Kerzen geschmückt ist und als Traueraltar dient, wird das feinste Leinentuch, das sich im Haus finden läßt, ausgebreitet. Dieses Tuch ist nicht für einen Leichnam bestimmt, wohl aber für ein kleines Kreuz aus weißem Wachs, das auf einer Spitzenhaube ruht - einer jener Hauben, die Mütter oder Frauen tragen und die beim Aufbruch oder bei der Rückkehr der Seeleute auf allen armorikanischen Kaps im Wind flattern, einer Haube, deren Bänder Freude und Trauer so gut ausdrücken können, und die einst als Zeichen der Witwenschaft eine rote Schleife trug. Die Frauen aus dem Hause hüllen sich in ihre weiten Umhänge, ziehen die Kapuze tief ins Gesicht und nehmen auf den Bänken Platz. Am unteren Ende des Tisches steht ein weißer Teller : Darauf liegt ein Lorbeer- oder Buchszweig in Weihwasser. Die Kerzen werden angezündet. Alles ist bereit.

"Heute abend wird bei Guillandres *broella* gefeiert" - die Nachricht hat sich auf der ganzen Insel herumgesprochen. Aus allen Richtungen, auf den Wegen, die von Weiler zu Weiler führen, um die Zeit, da die Feuer der Leuchttürme ihren abendlichen Kreistanz eröffnen, kämpfen schwarze Gestalten, meist Frauen mit langem, wallendem Haar, gegen den Seewind an und streben dem Haus des Verstorbenen entgegen. Die Besucher betreten den "hohen Saal". Ihr Blick streift die Familie, die wie versteinert auf den Bänken sitzt, bevor er sich auf das Wachskreuz heftet, das im Kerzenlicht bleich schimmert. Eine der Betenden haspelt im markanten Dialekt des Léon den Rosenkranz herunter. Die anderen antworten im Chor, während das regelmäßig wiederkehrende Licht der Leuchttürme durch die Fensterläden dringt und allen die schreckliche Allgegenwart des Meeres ins Gedächtnis ruft. Die einen gehen hinaus, andere treten ein, das Wachskreuz wird mit Weihwasser besprengt. Irgendwo draußen im Meer treibt die Seele des Verstorbenen ihrer Ruhe entgegen.

Bei Tagesanbruch versammeln sich die Inselbewohner zur Trauerfeier. Es geht wie bei einem wirklichen Begräbnis zu, nur daß der Pate des Verstorbenen oder ein naher Verwandter an der Spitze des Trauerzugs das auf einer gefalteten Haube liegende Wachskreuz trägt. Während der Totenmesse ruht das *broella*-Kreuz auf dem Katafalk, dann wird es zu den anderen in einen Reliquienschrein auf dem Altar der Verstorbenen gestellt. So ist es Brauch, seitdem die Kreuze aus Wachs sind. Früher, als sie noch aus Holz waren, wurden sie begraben. Aber sie werden nicht sehr lange im Reliquienschrein verwahrt. Alle zehn Jahre werden sie in ein Granitdenkmal auf dem Friedhof überführt, das errichtet wurde, so die Inschrift, zum Gedenken an die Seeleute, "die weit von der Heimat im Krieg, an Krankheit oder bei einem Schiffbruch ihr Leben verloren". Am zehnten Jahrestag der *broella* von Lampaul im letzten Jahr wurden zwanzig Wachskreuze in das Denkmal überführt.

Wenn die alten, schon fast in Vergessenheit geratenen Legenden im täglichen Leben der Bewohner von Ouessant und Molène diesen Brauch hinterlassen haben, so, weil die Zeit, die verstreicht, nichts an den tragischen Geschehnissen auf dem Meer zu ändern vermag.

DIE FELSBURG VON DINAN

Wenn man sich von Crozon nach Camaret begibt, erblickt man eine wunderschöne Sandbucht, in der die See in wechselnden, beunruhigenden Farben glänzt. Es ist die Bucht von Dinan, und man wundert sich, sie menschenleer zu finden. Vergeblich sucht man nach den Überresten des großen Hafens, den sie wohl einst beherbergte; da erblickt man an ihrem südlichen Ende eine staunenerregende Burg, die offenbar zur Verteidigung des Anfahrtsweges erbaut wurde. Die Burg wurzelt fest im Meeresgrund und ist durch hohe Zugbrücken mit dem Ufer verbunden. Man glaubt, im Winde flatternde Fahnen und das Gewimmel von Soldaten auf der Burgmauer zu sehen. Schon dringen Trommelwirbel und das Donnern der feuernden Kanonen an unser Ohr. Dabei hören wir doch nur das dumpfe Brausen der anstürmenden Wellen, die Burg ist nur ein Trugbild. Verändert sich das Licht, so erweist sie sich als das, was sie tatsächlich ist : ein Haufen riesengroßer Steinblöcke, den das Nagen des Meeres vom Kap abgetrennt hat bis auf zwei Bögen, die sich über den Abgrund spannen.

Einst, so wird erzählt, wohnte eine Horde von Riesen in der Felsburg von Dinan. Um für ihren Unterhalt zu sorgen, griffen sie sich gewöhnlich Ochsen und Schafe, die auf den Hügeln grasten. Am liebsten jedoch schmausten sie Seemannsfleisch, sooft sie sich eines Schiffs, das sich mutig in die Bucht hineingewagt hatte, bemächtigen konnten. Die armen Bauern hätten das Kap längst verlassen, hätte sich nicht ein Volk listiger *korrigans* (I) eingefunden, unter deren Schutz sie standen und die ihnen alle nur erdenklichen Dienste erwiesen. Diese haarigen Männchen hatten ihre Freude daran, die Riesen hinters Licht zu führen; sooft diese sich an den Menschen vergreifen wollten, gingen sie den Zwergen in die Falle. Riesen sind für ihre Dummheit bekannt. Die von Dinan machten da keine Ausnahme, im Gegenteil, sie waren dumm wie Bohnenstroh.

Die schelmischen Wichte haben die Bucht von Dinan verlassen. Die Höhlen jedoch scheinen, der unförmigen Burgruine noch immer mit Verachtung die Stirn zu bieten.

Die *korrigans* wohnten in Höhlen unweit der Felsburg von Dinan. Eine davon hatten sie zu ihrem Hauptquartier gemacht. Hier verwahrten sie ihre Muschelvorräte, eine Vorsorge für die Tage, da sie gegen die Riesen Krieg führten. Auf den Felswänden über ihrer Höhle breiteten sie den angeschwemmten Tang zum Trocknen aus, bevor sie ihn zu Schobern aufhäuften. Die Kapbewohner konnten ihn als Brennstoff oder Streu verwenden und sich Brotalgen heraussuchen. Aber die Schober aus trockenem Tang sollten auch Teil der Kriegslist sein, die die Zwerge zur Vernichtung ihrer bösen Burgfeinde ersannen.

Eines Nachts beschlossen die Riesen nämlich, unterhalb des Kliffs einen Stollen vorzutreiben, der von hinten in die Höhle der *korrigans* führen sollte. Sie wollten die Zwerge bis auf den letzten niedermetzeln, um endlich die einzigen Herren im Land zu sein und die Streiche der Heinzelmännchen nicht länger fürchten zu müssen. Außerdem freuten sie sich darauf, sich an einem Fleische gütlich zu tun, das ihnen um so erlesener schien, als es nach köstlicher Rache schmecken würde.

Doch die Zwerge waren auf der Hut. Sie hatten ihre Verteidigung sorgfältig vorbereitet. Sobald das Gestein unter den Schlägen der Pickel bebte, verließen sie ihre Höhle in aller Eile. Einige blieben am Strand, andere erkletterten das Kliff, wieder andere verschwanden in einer benachbarten Höhle. Als die Riesen mit Triumphgeschrei in die Höhle eindrangen, fanden sie sie vollkommen leer vor, erleuchtet durch ein großes Tangfeuer, das am Eingang brannte und heftig qualmte. Im nächsten Augenblick stürzte der Stollen hinter ihnen ein und die Felsbrocken schnitten ihnen den Rückweg ab. Sie erstickten allesamt in der Höhle der *korrigans*. Noch heute kann man hier lange, im Sand ruhende Steine sehen - ihre von Ebbe und Flut glattgeschliffenen Leichname.

Offenbar zeigten sich die Kapbewohner undankbar gegenüber den Männchen, die sie von den Riesen befreit hatten, denn die schelmischen Wichte haben die Bucht von Dinan verlassen. Die Höhlen jedoch scheinen, der unförmigen Burgruine noch immer mit Verachtung die Stirn zu bieten.

(I) *korrigan* : bret. Heinzelmännchen.

DIE ABTEI AM ENDE DER WELT

Auf den Dünen von Portsall erheben sich die grauen Mauern der Burg von Trémazan. Hier erblickte jener die Welt, der dem heiligen Matthäus zu Ehren die Abtei am Ende der Welt gründen sollte. Auf den verfallenen Burgtürmen wachsen noch heute die roten Kreuzblumen, die an dem Tage, da er seine Schwester versehentlich tötete, zwischen den Steinen hervorsprossen.

Haude und Gurguy waren Tochter und Sohn eines Herrn aus Trémazan, der seine Gemahlin frühzeitig verlor. Er vermählte sich aufs neue, die neue Herrin war jedoch so hartherzig gegen die beiden Kinder, daß der schon erwachsene Sohn dem Vater Lebewohl sagte und fortzog, sein Glück bei König Childebert zu suchen. Der Stiefmutter tiefer Haß richtete sich ganz auf die schöne, tugendhafte Haude, die sie zum Aschenbrödel machte. Als mächtige Herren um die Hand des Mädchens anhielten, verbannte sie es als Magd auf eines ihrer Gehöfte.

Nach einigen Jahren kehrte Gurguy nach Trémazan zurück und erkundigte sich nach seiner Schwester. Die Stiefmutter berichtete, Haude habe ein so ausschweifendes Leben geführt, daß man sie aufs Land habe schicken müssen wegen ihres schändlichen Verhaltens und damit sie den anderen nicht länger ein schlechtes Beispiel gebe. Der junge Mann nahm diese Lügen für bare Münze und eilte zum Hof. Dort stand seine Schwester am Brunnen und wusch. Haude, die ihren Bruder nicht wiedererkannte, floh vor dem wild dreinblickenden Mann. Gurguy sah in dieser Flucht das Eingeständnis ihrer Schande. Er holte Haude ein, zückte das Schwert und enthauptete sie.

Von den Bauern der Umgebung erfuhr er jedoch bald die Wahrheit. In tiefer Trauer kehrte er nach Trémazan zurück. Als er aber in Gegenwart der Stiefmutter seinem Vater den Mord beichtete, trat Haude in den Saal, ihren

Kopf in den Händen haltend. Sie setzte ihn zurück an seinen Platz und versicherte die böse Frau der Strafe Gottes. Alsbald wurde die Stiefmutter, so die Chronik, "von einem so heftigen Bauchgrimmen befallen, daß sie sämtliches Gedärm entleerte" und auf der Stelle starb. Haude vergab ihrem Bruder und hauchte ihr Leben aus.

Gurguy begab sich zu Paulus Aurelius, dem Bischof von Léon und bat ihn, das Maß der Buße zu bestimmen. Als er Buße getan, leuchtete ein Feuerschein über seinem Haupt. Bei diesem Anblick hieß Paulus Aurelius ihn auf den Namen Gurguy verzichten und dafür einen neuen annehmen : Tanguy, nach dem bret. *tan,* "Feuer". Und der neugetaufte Tanguy wurde zum Abt von Relecq bei Plounéour-Ménez ernannt.

Wenig später vererbte ihm der alte Grundherr von Trémazan mehrere Ländereien, darunter das Kap *Penn ar Bed,* das Ende der Welt. Zu eben dieser Zeit gelang es Seeleuten aus dem Léon, in Ägypten das Haupt des Evangelisten Matthäus zu entwenden. Auf der Rückfahrt hatten sie den Sund *Raz de Sein* ohne Schaden passiert und wollten gerade das Kap am Ende der Welt umschiffen, als ihr Boot auf ein Riff lief. Da es eine Reliquie an Bord hatte, konnte es jedoch nicht versinken : Das Riff teilte sich, so daß sie weiterfahren und ganz in der Nähe wohlbehalten an Land gehen konnten.

Tanguy beschloß, als Dank für dieses Wunder, dem heiligen Matthäus zu Ehren am Kap ein Kloster zu errichten. Das Fundament wurde fünf oder sechshundert Schritt weiter landeinwärts gelegt, damit die Abtei windgeschützt und vor Überfällen der Korsaren sicher sei. Was die Maurer jedoch an dem einen Tag errichtet hatten, fand sich am nächsten Tag an der äußersten Spitze, dort, wo die Reliquie an Land gebracht worden war. Der Heilige bestimmte selbst die Stelle, an der seine Kirche erbaut werden sollte. Als er so seinen Willen kundgetan, beeilte sich Tanguy, ihm zu gehorchen. Seitdem heißt das Kap *Penn ar Bed* Pointe Saint-Mathieu, die Matthäusspitze.

Als Tanguy im Kloster von Relecq aus dem Leben schied, wurde seine sterbliche Hülle feierlich zur Abtei am Ende der Welt zurückgeleitet. An diesem Tag wehte ein heftiger Nordwestwind, doch keine Fackel erlosch unterwegs. Heute ist die Abtei Saint-Mathieu nur noch eine Ruine, jedem Wind und Wetter ausgesetzt, ganz so wie die Burg von Trémazan, deren rote Kreuzblumen das Blut der heiligen Haude verwahren.

Auf den Dünen von Portsall erheben sich die grauen Mauern der Burg von Trémazan. Hier erblickte jener die Welt, der dem heiligen Matthäus zu Ehren die Abtei am Ende der Welt gründen sollte.

MARIVONIG AUS PLOUGASNOU

*An de kenta eus a viz du
Tiskennas'r Zaozon en Dourdu.*

Höret die traurige Mär von Marivonig, der Jungfer aus Plougasnou, wie sie Janed ar Gall vor über hundert Jahren in Keranborn sang. Zu denen, die ihr lauschten, zählte ein gewisser François Luzel, dessen Feder Tinte und Papier auf so glückliche Weise zu vermählen verstand. Sein Buch sprach zu mir von der ersten bis zur letzten Seite durch die sanfte Stimme einer Bauerntochter, als ich erster Pflugknecht auf Rozanaleg war. Von einem Roßhändler aus dem Léon erfuhr ich, daß in den Arreebergen noch heute das Lied von Marivonig gesungen wird und die Leute danach tanzen. Das mag stimmen. Ich kann weder lesen noch singen, und so will ich erzählen.

Laßt mich denn beginnen : Am ersten Tag des schwarzen Monats - so heißt bei uns der November - wagte sich ein englisches Schiff in den Fluß von Morlaix und ging bei Dourduff, unweit der Stadt, vor Anker. Die Piraten nahmen Marivonig aus Plougasnou, die gerade am Strand spazieren ging, mit sich fort. Daß es gegen ihren Willen geschah, ist so sicher wie das Amen in der Kirche, denn sie war kein schamloses Mädchen. Ihre Schönheit war kaum in Worte zu fassen. Die Matrosen haben einen scharfen Blick, geht es darum, Mädchen zu wählen, selbst die verfluchten Engländer. Hol' sie der Teufel!

Auf dem Oberdeck weinte Marivonig bittere Tränen : "Lebt wohl, liebster Vater! Niemals werdet Ihr an der Schwelle Eures Hauses den Heiratsvermittler mit dem Ginsterstock empfangen können, niemand wird je das Lied von der

Turteltaube für mich singen lassen; kein Bräutigam wird mir je den Ring an den Finger stecken. Lebt wohl, liebste Mutter! Eure Tochter steht nicht länger in Euren Diensten. Sie wird nun einem fremden Kapitän dienen, seinem Kammerdiener und einer Hundertschaft Matrosen".

Der englische Kapitän sprach zu Marivonig : "Folgt mir in meine Kajüte, und die Zeit wird uns vergehen wie im Fluge". Sie antwortete : "Laßt mich zunächst ein wenig an Deck spazierengehen, die Seeluft wird mir guttun". - "Ganz wie Ihr wollt, Marivonig, nur bleibt mir nicht zu lange. Und fallt mir nicht ins Meer!". Marivonig ruft die Heilige Jungfrau an und stürzt sich ins Wasser.

Marivonig aus Plougasnou sinkt hinab auf den Grund des Meeres. Da erbarmt sich ihrer ein Fischlein. Es nimmt sie auf den Rücken, trägt sie hinauf bis unter Gottes freien Himmel. Dabei ist das Fischlein nicht einmal zwei Finger dick. Ich erzähle es Euch gerade so, wie es im Lied gesungen wird und wie es schwarz auf weiß geschrieben steht. Das Fischlein hat Marivonig an die Oberfläche zurückgeleitet, und es fügte sich, daß ein heftiger Windstoß sie bis vor das Tor des väterlichen Hofs bei Plougasnou trug.

"Sollte meine Tochter zurückgekehrt sein?". Marivonig steht im Hof des väterlichen Hauses, doch kein Wort kommt ihr über die Lippen. Dreimal geht sie um das Haus herum. Selbst ein Mann hätte bei diesem Anblick weinen mögen. Als sie den dritten Rundgang beendet, sinkt sie plötzlich tot zu Boden. Einfach so, ganz wie ich es Euch erzähle!

So geschah es am ersten Tag des schwarzen Novembers, da die verfluchten Engländer bei Plougasnou landeten. Das Jahr hätte ich Euch gern genannt, wenn ich nur irgendwo etwas darüber hätte erfahren können. Doch, würde die Jahreszahl etwas an der Geschichte ändern? Janed ar Gall kannte sie nicht, die Tinte auch nicht.

Er packte Lingouez, schleuderte ihn fort, und er flog durch die Luft über den Douron hinweg und schlug an die Klippen - so heftig, daß von ihm nichts blieb als eine breiige Masse, Fraß für die Schweine.

DIE MUTIGEN TATEN VON RANNOU DEM STARKEN

In der Bucht von Locquirec gab es einmal eine Meerjungfrau, die mit ihrem Gesang die Seeleute vor den Riffen warnte. Eines Tages, da sie sich zu weit an die Küste vorgewagt hatte, blieb sie bei ablaufendem Wasser am Strand zurück und schwebte in Todesgefahr. Die Schuppen ihres Schwanzes glänzten nur noch matt; ihr menschliches Antlitz war schon von der Blässe des Todes gezeichnet, als eine alte Frau, die Muscheln sammelte, vorbeikam. Voller Mitleid half sie der Meerjungfrau zurück ins Wasser. - "Du hast einen Wunsch frei, sagte die Seejungfer, so es in meiner Macht steht, will ich ihn dir erfüllen!" - Die arme Frau antwortete : "Macht, daß mein neugeborener Sohn der Stärkste aller Männer werde!" Da tauchte die Meerjungfrau auf den Grund des Meeres, kehrte alsbald mit einem Schneckenhaus voll milchigen Saftes zurück und sagte : "Flöße deinem Kinde diesen Trank ein, aber gib acht, daß kein einziger Tropfen davon verlorengeht."

Doch die Mutter mochte der Sache nicht trauen. So manch' ein Zaubertrank, von einer Seejungfer gebraut, ist giftig, tötet oder beraubt einen der Vernunft. So ließ sie ihre Katze ein wenig davon schlecken; und als sie sah, daß es dem Tier wohl bekam, gab sie dem Kind den Rest des Saftes zu trinken. Schon bald tat dieser seine Wirkung. Der Kleine war noch keine neun Jahre alt, als er schon am Ufer des Douron Felsbrocken würfelte. Die Katze wurde so groß und stark, daß man sie anketten mußte.

Hört nun von den mutigen Taten Rannous des Starken, der schon bald zum Herrn von Tréléver bei Guimaëc wurde. Er kämpfte auf See gegen die Engländer, die zu jener Zeit die Erzfeinde der Bretonen waren, und kein anderer als er war es, der sie 1403 in der großen Seeschlacht vor der Pointe Saint-Mathieu besiegte. Der Herzog der Bretagne und der französische König können es im Jenseits bezeugen .

Zu Zeiten Rannous mußten die Schiffe, die den Schlupfhafen von *Toull an Hery* anliefen, die tückischen Riffe von *Toull ar Gouez* umsegeln. In diesem Küstenabschnitt fiel alles Strandgut rechtmäßig dem Herrn von Lingouez zu : Dieser böse Mensch sicherte sich reiche Beute, indem er durch trügerische Leuchtfeuer die Handelsschiffe von ihrem Kurs abbrachte und so auf die Klippen lenkte. Aber eines Nachtes begab es sich, daß Rannou der Starke auf die Riffe lief, als er von einer Seereise zurückkehrte. Die Strandräuber machten sich schon plündernd über das Schiff her, als der Riese von Tréléver unverletzt und wutentbrannt aus dem Wrack stieg. Der erste, der ihm in die Hände fiel, war Lingouez selbst. Er packte ihn, schleuderte ihn fort, und er flog durch die Luft über den Douron hinweg und schlug an die Klippen- so heftig, daß von ihm nichts blieb als eine breiige Masse, Fraß für die Schweine. Seinen Knechten erging es nicht anders, und groß war die Freude im Schweinestall!

Nachdem er sich der Widersacher entledigt hatte, stemmte sich Rannou der Starke mit dem Rücken gegen den Bug seines Schiffes und machte es mühelos wieder flott. Aber man sah wohl, daß er zornig war. Am anderen Tag kehrte er an die Stelle zurück.Er hatte seinen *penn-baz*, seinen Wanderstab, bei sich, eine Eisenstange, die nicht weniger als fünfzehn Fuß maß. Mit einem Stoß rammte er sie in den Felsen. Alsdann ließ er im ganzen Land verkünden, daß er dem, der sich ihr auf weniger als zwanzig Klafter näherte, das Genick bräche. Es fand sich niemand, der ihm nicht gehorcht hätte. Seit diesem Tag ist kein Schiff mehr auf die Riffe von *Toull ar Gouez* aufgelaufen. Eine Boje mit dem Namen *Baz-Rannou* erinnert noch heute an dieses Ereignis.

Leider war dem armen Riesen von Tréléver kein langes Leben beschieden. Der Teil von dem Zaubertrank, den seine Mutter aus Mißtrauen gegen die Meerjungfrau ihrer Katze gegeben hatte, sollte dem Sohn fehlen; so konnte er kein wahrer Held werden und sollte nicht bei Kräften bleiben. Noch sehr jung an Jahren und erst zehn Fuß groß fiel er plötzlich in sich zusammen und ward ein zitternder Greis, noch bevor er seine volle Größe erreicht hatte. Die Sage erzählt nicht, was aus der Katze wurde. Und nimmer mehr schenkte die Seejungfer von Locquirec einem Menschen ein Schneckenhaus voll milchigen Saftes.

DIE WUNDER DER STRANDMEILE

Als Fürst Efflam aus Hibernia nach Armorika übersetzte, landete sein Schiff bei Plestin am Fuße eines hohen Felsens, der die Strandmeile überragte. Dort traf er auf König Artus, der schon drei Tage lang gegen einen riesigen Drachen kämpfte, so groß wie ein zweijähriger Stier, über und über bedeckt mit Schuppen, und mit scharfen Zähnen bewehrt. Das Ungeheuer hatte des Königs Schlachtroß bereits niedergerungen, und Blut quoll aus seinen Nüstern. Artus selbst, der tapfere Ritter, war der Ohnmacht nahe, so sehr plagte ihn der Durst. Dreimal schlug Fürst Efflam mit dem Pilgerstab gegen den Felsen, und eine Quelle tat sich auf. Mit bloßen Händen trank der König von dem Wasser und schöpfte neue Kraft. Seither sprudelt die Quelle bei der Sandbucht und heilt die Kranken.

Nachdem Efflam ein Gebet gesprochen hatte, befahl er dem Drachen, sich ins Meer zu stürzen, was dieser mit entsetzlichem Zischen auch tat. So wurde das Land auf immer von dem Ungetüm befreit. An der Stelle, an der es in den Fluten versank, wurde ein granitenes Kreuz errichtet, dessen Sockel im Sande ruht und das alle hundert Jahre der Küste um einen Fuß näherrückt. Einer anderen Überlieferung nach senkt sich das Kreuz jedes Jahrhundert um die Dicke eines Weizenkorns ab. An jenem Tag, da es das Festland erreicht haben oder im Sand verschwunden sein wird, kommt das Ende der Welt, und die Stadt, die auf dem Grunde der Bucht ruht, wird wieder auftauchen.

Diese Stadt, die so sehr in Vergessenheit geraten ist, daß man nicht einmal mehr ihren Namen kennt, war einst ein mächtiger Seehafen. Mehr als tausend Schiffe brachten Reichtümer aus der ganzen Welt hierher. Man führte ein ausgelassenes Leben. Der König besaß eine Haselrute, mit der er zaubern konnte wie die Feen mit ihrem Zauberstab. Aber wegen ihrer Ausschweifungen wurde den Bewohnern der Stadt schließlich eine schreckliche Strafe zuteil : Die Stadt wurde von einer Sandflut überschwemmt, auf immer von der Erde getilgt bis auf den königlichen Palast, der irgendwo im Drachenfelsen verborgen liegt. Zu Pfingsten um Mitternacht, wenn der erste Glockenschlag vom Kirchturm Saint-Michel ertönt, tut sich ein Gang im Felsen auf, der zum hohen Saal führt. Hier hängt die Haselrute, der Schlüssel zur Weltherrschaft. Wer jedoch vor dem zwölften Glockenschlag nicht wieder im Freien steht, wird bei lebendigem Leibe eingemauert.

Man erzählt sich, wie ein gewisser Perig, der so viele Wünsche im Herzen trug, wie es Seeschwalbennester in den Kliffs gibt, Leib und Seele verlor, weil er den Königsstab aus der Sandstadt begehrte. Er wartete bis Pfingsten, und beim ersten Glockenschlag stürzte er sich in den Gang, der sich im Felsen auftat, *eins*. Er gelangte in einen Saal, in dem aus großen Korntruhen Silbermünzen quollen, *zwei*. Aber Perig denkt bei sich, "Gold ist mehr wert als Silber", und setzt seinen Weg fort, *drei*. Im zweiten Saal stehen Kästen und Schränke, die unter der Last des Goldes bersten, *vier*. Aber Perig erinnert sich, daß die Mädchen von Plestin dem Gold funkelnde Edelsteine vorziehen, *fünf*, und daß er, Perig, den Mädchen von Plestin nichts abschlagen kann, *sechs*. Er schreitet also weiter voran. Noch geblendet vom Perlenglanz betritt er den Saal der Diamanten, *sieben*. Wie ein Trunkener schwankt er weiter und endlich steht er, *acht*, im hohen Saal, in dem die Haselrute hängt, *neun*. Er bräuchte nur die Hand zu heben, um sie zu ergreifen, *zehn*, jedoch wird er von hundert Jungfern umringt, von denen die am wenigsten Anmutige noch schöner ist, *elf*, als alle Mädchen von Plestin zusammen, *zwölf*. Da schließen sich die Türen, alles wandelt sich wieder in Granit.

An der Strandmeile zwischen Saint-Efflam und Saint-Michel huschen beim leichtesten Windstoß Gespenster vorbei, so leicht wie Wolkenschatten : der galante Perig, der der Wünsche seines Herzens nicht Herr war; Charlezenn, die Schurkin mit der Pfeife; und schließlich Yannig Coquard aus Ploumiliau, der von Lepra befallen wurde, weil er in seiner leidenschaftlichen Liebe zu Marie Tili aus ihrem Glase getrunken hatte. Unerschütterlich überwältigt Fürst Efflam aus Hibernia in der Kirche von Plestin durch Gottes Gnade den Drachen.

An der Strandmeile zwischen Saint-Efflam und Saint-Michel huschen beim leichtesten Windstoß Gespenster vorbei, so leicht wie Wolkenschatten.

KOAD SKISI

BEZ ez eus bet eun amzer ma oa staget ar hab Frehel gand eun hent eeun ouz kêr Avranch, en Normandi. Ar Boudedeo e-neus toullet drezañ e hent hag a zo chomet souezet, mil bloaz goude, o weled ne oa ket hent ebed ken. Deuz ar Menez Mikêl, paket en douarou, e helled mond war droad beteg Inizi Chose ha ne oant ket inizi hoaz. Etre daou en em gave eur gêr divent, savet war dri hant tosenn hag a zo outo hirio tri hant roh er mor. Eur gêr all, etre Kezambr ha Sant-Malou, a ziskennas en islonk pa dorras eur chaoser, e-pad eur brezel ouz Kersaout. Ne oa ket honnez ar chaoser nemeti war an aot etre ar Gêrveur hag Erki. Eur pez boulouard mogeriou ha skluziou a zifenne ouz ar mor kêriou-kreñv ma ne jom outo nemed an ano. Disrannet e oant an eil diouz eben gand eur hoad don, bod d'al loened gouez, koad Skisi. Goloet eo bet peb tra a zour. Pa vez sioul ar mor ha sklêr an amzer, ar vorêrien o stoui da zelled diwar fri o bagou a wel o vond dindanno a-heuliad, e don ar plegou-mor, toenneier, klohdier, mogerennou ha korvou-gwez dizeliou.

N'eo ket nerz ar mor 'ni e-neus torret bewech ar chaoseriou, follentez pe fallagriez an dud ne lavaran ket. Skluziou a zo bet digoret gand priñsed fall. Ha priñsed mad, a-wechou, a ziskaras a-benn-kefridi o hêr re hudur en eur helver warni malloz an neñv, e-giz ma reas roue Gardaen, « ar gêr zouezuz » e-kichen Sant-Malou, ma 'z eo kontet he doare e *Romant Akin*.

War gornog ar hoad e save kêr Nazado. He brud a jomo da viriviken dre berz kened he merhed. Ken mistr e oa o hrohen ha ken rouez o hig ma weled brao ar gwin o tiskenn en o gourlanchenn pa oant oh eva. Ablamour d'an neuz dispar-ze, e oant anvet ar *Hrehin Brao*. Ar wazed en em golle dre ober al lez dezo, dreistoll ar zoudarded, a oa niveruz-tre er gêr ha diank an dri-hard outo. O weled he dizurziou, ar pennou-brezel a villigas Nazado ken ma oe lonket gand ar mor. Lod all a lavar Gargant 'ni eo a dennas warni ar reuz. Greet e-noa ar ramz eun diskuiz eno gand e arme. Mintin abred, setu eñ er-mêz, e-unan kaer. Daleet a oa bet e zoudarded e-kichen ar *Hrehin Brao*. Hag eñ ha youhal warno da zond, heb respont ebed diganto. Neuze, e taolas e valloz war Nazado a oe liñvet war e zeuliou gand ar mor. Dindan pleg-mor Erki emañ diazezet kêr ar merhed treuzweluz.

E koad Skisi, eur pez leh dizolo a roas bod da di-pedi Sant Koulm pe Golman. Pa oe maro, pirhirined a zeuas niveruz war e vez da houlenn digantañ madoberou. Sevel a rejont war e ano eun iliz er hoad. Satanas, avad, ez eas droug ennañ ablamour d'eun devosion hag o dalhe e peoh. Ijina a reas kas warno eur maread a vrini. Diwar neuze, diskibien baour Sant Koulm a oe bouzaret dalhmad a rakerez. An eil ne gleve ket ken egile ha biskoaz ne gavent an tu da brederia eur bedenn. Evid ober al lidou santel, e oe red lakaad nouspet den war hed, karget da zerhel ar brini e dichou gand mein ha bizier.

Hogen, eun devez, ar gwardou baour a gavas kemend d'ober m'en em rojont da gousked, skuiz-dall. Ar brini, aloubet ganto ar goadenn, a gouezas war an iliz dre vagadou-nij ken stank ma tregernas an neo gand o rakerez. Ar beleg, war an aoter, o vond da zevel an ostiv, a gollas eñvor ar homzou sakr. Kounnaret ruz hag en desped dezañ, e klevas e vouez e-unan o villiga al loened diaouleg. Kerkent, eun arne a darzas war ar hoad, o tiframma hag o tiskar neved Sant Koulm e-pad ma skube ar hoummou-mor gwez Skisi hag e honezent war eun dachenn zouar nevez e-leh ma 'z int chomet abaoe.

DER WALD VON SCISSY

Einst führte eine Straße vom Cap Fréhel geradewegs nach Avranches, einer Stadt in der Normandie. Der Ewige Jude zog hier vorbei und wunderte sich darüber, daß sie tausend Jahre später verschwunden war. Vom Mont Saint-Michel, der damals im Landesinneren lag, gelangte man trockenen Fußes zu den Chausey-Inseln, die früher zum Festland gehörten. Zwischen beiden Orten lag eine riesengroße, auf dreihundert Hügeln errichtete Stadt. Heute liegen dort dreihundert Klippen. Eine andere Stadt zwischen Cézembre und Saint-Malo versank im Meer, nachdem in einem Krieg gegen Corseul ein Damm gebrochen war. Es war nicht der einzige Damm an der Küste zwischen Granville und Erquy. Ein Bollwerk von Wällen und Schleusen schützte mächtige Städte, von denen nichts als der Name überliefert ist. Zwischen ihnen lag ein tiefer Wald, in dem wilde Tiere hausten, der Wald von Scissy. Alles ging in den Fluten unter. Bei ruhiger See und klarem Wetter sehen die Seeleute, wenn sie sich über den Bug lehnen, Dächer, Kirchtürme, Mauern und kahle Baumstämme in der Tiefe unter sich vorübergleiten.

Die Dämme brachen nicht nur unter der Gewalt der Fluten, sondern auch durch der Menschen Torheit und Tücke. So manche Schleusen wurden von bösen Fürsten geöffnet, und selbst gute Prinzen führten bewußt ihre dem Laster verfallenen Städte in den Ruin, indem sie sie mit einem Fluch des Himmels belegten. Dies tat auch der König von Gardayne, "der wunderbaren Stadt" bei Saint-Malo, wie es im *Roman d'Aquin* geschrieben steht.

Im westlichen Teil des Waldes lag die Stadt Nasado. Auf immer wird sie berühmt bleiben wegen der Schönheit ihrer Mädchen. Ihre Haut war so fein, ihr

Leib so zart, daß man den Wein, den sie tranken, durch ihre Kehle rinnen sah. Dieser einzigartigen Eigenschaft verdanken sie den Beinamen "die Zarthäutigen". Die Männer, die ihnen den Hof machten, brachten sich ins Verderben, insbesondere die vielen Soldaten der Stadt, die in Scharen nicht mehr zum Appell antraten. Ob dieser Mißstände verwünschten die Heerführer die Stadt Nasado, die alsbald im Meer versank. Nach einer anderen Überlieferung war es Gargantua selbst, der die Stadt ins Verderben stürzte. Der Riese hatte dort mit seinem Heer haltgemacht. Am anderen Tag verließ er die Stadt, jedoch allein. Seine Soldaten hatten sich bei den Zarthäutigen verweilt. Er rief lauthals nach ihnen, erhielt jedoch keine Antwort. Da verwünschte er Nasado - kehrte ihm den Rücken zu, und die Stadt versank im Meer. In der Tiefe der Bucht von Erquy ruht die Stadt der zarthäutigen Mädchen.

Man erzählt ferner, der Wald von Scissy habe auf einer großen Lichtung die Betkapelle des heiligen Colombanus beherbergt. Nach seinem Tode wallfahrten zahlreiche Pilger zu seinem Grab und flehten um seine Gnade. Ihm zu Ehren errichteten sie mitten im Wald eine Kirche. Dem Satan war ihre friedenstiftende Frömmigkeit ein Dorn im Auge. So verfiel er darauf, ihnen ganze Schwärme von Raben auf den Hals zu schicken. Von da an wurden die armen Jünger des heiligen Colombanus von einem nicht enden wollenden Gekrächze betäubt. Sie verstanden ihr eigenes Wort nicht mehr und konnten sich zu keinem Augenblick zum Gebet sammeln. Um den Gottesdienst abhalten zu können, mußten sie zahlreiche Wachen aufstellen, die mit Stöcken und Steinen das freche Rabenvolk fernhalten sollten.

Eines Tages jedoch hatten die armen Wachleute so viel zu tun gehabt, daß sie schließlich erschöpft einschliefen. Die Raben fielen in die Waldlichtung ein und flatterten in so dichten Schwärmen um die Kirche, daß ihr Gekrächze überall im Schiff widerhallte. Als der Priester am Altar sich dazu anschickte, die Hostie emporzuheben, fand er über dem Krächzen die heiligen Worte nicht mehr. Außer sich vor Wut und gegen seinen Willen hörte er, wie er die teuflischen Tiere verwünschte. Im selben Augenblick brach ein Orkan über dem Wald los, der die Betkapelle des heiligen Colombanus aus dem Boden riß und zerstörte, indes das wogende Meer die Bäume von Scissy fortspülte und ein neues Stück Land eroberte, wo es noch heute herrscht.

Eine andere Stadt zwischen Cézembre und Saint-Malo versank im Meer...

DIE GLOCKE UND DER DRACHE

In einem Herrenhaus auf der Insel Batz stand Paulus Aurelius dem Grafen Guithur von Léon gegenüber. Paulus hatte Britannien verlassen und war auf der Insel Ouessant gelandet, an jener Stelle, die heute Porz-Pol heißt. Ein Engel erschien ihm und sagte, daß er nicht dazu bestimmt sei, auf Ouessant zu bleiben. So beschloß er, sich auf das Festland zu begeben. Er hatte im Léon schon mehrere denkwürdige Taten vollbracht, als ein Schweinehirt ihm antrug, ihn zu seinem Herrn Guithur, der im Namen von Kaiser Childebert über das Land regierte, zu führen. Guithur hatte sich auf die Insel Batz, die ihm besonders teuer war, zurückgezogen. Als er Paulus sah, erkannte er in ihm einen nahen Verwandten. Er selbst hatte einige Jahre zuvor das Meer überquert, um nach Armorika zu gelangen.

"- Paulus Aurelius, Ihr habt Euch also in den Dienst Gottes gestellt?
- Ja, mein Graf, ebenso wie meine ältere Schwester Sicofolla, die als Äbtissin einem Kloster in Britannien vorsteht. Ich habe bei ihr Einkehr gehalten, bevor ich in See stach.
- Aber warum wolltet Ihr fortziehen? Auch in Britannien gibt es Seelen zu retten!
- König Marke und die Großen des Landes wollten mich zum Bischof ernennen- fürwahr, eine zu schwere Last für meine Schultern. Ich fürchte nur, dem König mißfallen zu haben. Beim Abschied verweigerte er mir das Friedenspfand, um welches ich ihn bat : ein Glöckchen von seinem Tischglockenspiel. *Hirglaz*, die Lange Grüne, wird es genannt."

Kaum hatte Paulus diese Worte gesprochen, da trat ein Fischer in den Saal und legte vor dem Grafen einen großen Fisch nieder, den er eben an den Gestaden der Insel gefangen hatte und der in seinem Maul eine Glocke hielt.

- "Noch nie habe ich einen solchen Fisch gesehen, sagte Guithur. Aber wenn die Glocke Euch gefällt, Paulus Aurelius, will ich ein glücklicherer Pate als König Marke sein. Ich gebe sie Euch von Herzen gern, auf daß sie Euch nach Belieben diene."

Paulus Aurelius läßt die Glocke einmal und noch einmal erklingen. Zum ersten und einzigen Mal in seinem Leben bricht er in ein so helles Lachen aus, daß darunter das ganze Herrenhaus erbebt.
- "Das ist doch die Lange Grüne! Anscheinend hat der Herr sie mir bestimmt und zu Euch über das Meer nachgesandt. Graf Guithur, daran erkenne ich, wie sehr Er Euch liebt. Und ich, sein Diener, muß Euch nun helfen, mit all den Kräften, die Er mir verleiht.
- Ach, Paulus Aurelius, ich wagte nicht, Euch von dem Schlangenungeheuer zu erzählen, das meine Insel verheert. Sein Pesthauch vergiftet sogar das Gras. Kein Tag vergeht, an dem es nicht einen Menschen erstickt oder ein Stück Vieh raubt. Ich habe gegen diesen Drachen gekämpft, aber ich konnte ihm nicht die geringste Wunde zufügen.
- Guithur, mit Gottes Hilfe werden wir ihm den Schädel zertrümmern."

Und alsbald zieht er los zu der Höhle der Riesenschlange. Der Einzige, der bereit ist, ihm zu folgen, ist der Ritter Nuz aus Cléder. Mit seiner übernatürlichen Kraft bändigt Paulus Aurelius das Ungeheuer. Er schlingt ihm eine Stola um den Hals, zieht einen Stock durch die Schleife, und Nuz führt das Untier wie ein Schaf an der Leine zur nördlichen Küste der Insel. Dort stürzt sich der Drache auf Geheiß von Paulus von einem hohen Felsen ins Meer. Die Stelle heißt noch immer *Toull ar Sarpant* - das Schlangenloch.

Die Lange Grüne wird im Dom von Saint-Pol de Léon verwahrt. Über die Jahrhunderte hin läutete sie hoch oben über den Gläubigen und schützte sie vor Kopfschmerzen. Nach seiner Tat erhielt der Ritter Nuz den Beinamen *Gournadeh* - "der Mann, der nicht flieht"; sein Herrenhaus *Kergournadeh* steht noch immer im Léon. Paulus Aurelius wählte den Dom von Saint-Pol auf dem Festland als letzte Ruhestatt, sei es aus Pflicht oder aus Demut. Aber ebenso wie er von seinen drei Schwestern Sicofolla am liebsten hatte, so bevorzugte er von all den Aufenthaltsorten, die er in seinem irdischen Leben kennengelernt hatte, Batz, seine meerumspülte Insel.

KATZENGOLD

In der Gegend von Saint-Malo gab es jüngst im Meer und am Strand mehr Feen, als man Schäferinnen in der Heide und an den Kaps zählte. Wenn ich die alten Sagen recht verstanden habe, so waren es die Feen von Saint-Malo, die die Mädchen aus der Umgebung Gefallen finden ließen an schönen Kleidern. Die hellen Silberstreifen, die in der Stille, die auf den Sturm folgt, in der Bucht auf der Wasseroberfläche glänzen, die "Pfade der Heiligen Jungfrau", waren zunächst die langen Schleppen der wunderbaren Mäntel, mit denen sich die "Damen aus dem Meere" so gern schmückten. Aber diese Putzsüchtigen besaßen, wie wir gleich hören werden, kein allzu boshaftes Wesen.

In einer Mondnacht tanzte eine Schar Feen am Strand von Paramé einen Ringelreihen, seit eh und je ihr liebster Zeitvertreib. Es begab sich nun, daß zwölf junge Männer in derselben Nacht ein Fest begingen. Trunken des Weines kam ihnen ein närrischer Einfall : Großtuerisch beschlossen sie, die schönen Strandfeen zum Kontertanz aufzufordern. Diese glaubten, die Aufforderung nicht abschlagen zu dürfen. Auch eine Fee ist schließlich eine Frau und fühlt sich heimlich geschmeichelt, zollt ein Mann ihr Aufmerksamkeit. Beim Tanze (wer spielte wohl Biniou und Bombarde?) merkten sie, daß die jungen Männer schnell außer Atem gerieten und weiche Knie bekamen. Da wurden sie zornig. Mit ihrem Zauberstab verwandelten sie die ungehobelten Burschen in sechs dicke schwarze Kater und sechs weiße Katzen. Soll man daraus schließen, daß unter den zwölf jungen Männern sechs Mädchen waren? Auf diese Frage gibt es keine Antwort. Wäre es so, so würde dies bedeuten, daß Feen eifersüchtig sind.

Aber als die Feen von Saint-Malo sahen, wie die armen Tiere sich die Seele aus dem Leib miauten in ihrer Not und sich in den eigenen Schwanz bissen, da wurde ihr Herz weich. Sie versprachen den Prahlhänsen, sie in ihre ursprüng-

In der Gegend von Saint-Malo gab es jüngst im Meer und am Strand mehr Feen, als man Schäferinnen in der Heide und an den Kaps zählte.

liche Gestalt zurückzuverwandeln, sobald sie jeder von ihnen aus dem Glimmer am Strand einen goldenen Mantel und ein silbernes Kleid gewebt hätten. Für die Katzen wäre es ein Leichtes gewesen, denn mit ihren Augen hätten sie in Windeseile aus dem im Mondschein funkelnden Sand die Tausenden von weißen und gelben Splittern auslesen können, aus denen sie die Kleider der Damen aus dem Meere wirken sollten. Die Feen bestimmten jedoch, daß sie nur weben dürften, während die Turmuhr in Saint-Malo Mitternacht einläutete.

Die sechs Kater und die sechs Katzen machten sich unverzüglich an die Arbeit. Jede Nacht zwischen dem ersten und dem zwölften Glockenschlag erhob sich am Strand ein sanftes, anhaltendes Schnurren. Wer am Meer spazierenging, konnte an gewissen Stellen im Sand Gold und Silber rinnen sehen. Die zwölf jungen Männer (vielleicht sechs Mädchen?) aus Saint-Malo saßen dort in ihrem Katzenfell und fügten in atemberaubender Geschwindigkeit die Glimmerschuppen aneinander. Seit dieser Zeit sagt man von einer Katze, die auf ihrem Schwanz sitzend am Herd schlummert und schnurrt, sie säße am Spinnrad. Und wenn die Mädchen aus dem Hause sie gern auf den Schoß nehmen und sanft streicheln, so weil sie sich von ihr ein silbernes Kleid oder einen goldenen Mantel erhoffen.

Als alle Feen von Kopf bis Fuß angekleidet waren, verwandelten sie die Katzen, so die Sage, mit ihrem Zauberstab zurück in Menschen. Wir wissen nicht, ob sie Freunde und Eltern wiederfanden oder ob inzwischen mehrere Jahrhunderte verflossen waren. Ich glaube aber, daß sie sich von da an wohl hüteten, am Strand spazierenzugehen, nüchtern nicht weniger als trunken des Weines. Eines aber steht fest : Nur selten wagen sich echte Katzen an den Meeresstrand. Dabei heißt in Saint-Malo der graue Glimmer nach wie vor Katzensilber. Glänzt er golden auf, so wandelt er sich in das Katzengold, aus dem einst die Prachtmäntel der Damen aus dem Meere gewebt wurden.

NICOLE, DER FRÖHLICHE WASSERGEIST

Zwischen Saint-Quay und Saint-Briac lag einst das Reich von Nicole, einem zu lustigen Streichen aufgelegten Wassergeist, der Spaß daran fand, in Gestalt eines Tümmlers die Fischer in Zorn zu versetzen. Nicole wurde er genannt, in Erinnerung an einen sehr strengen Fischereiaufseher, von dem manche behaupteten, seine Seele sei in den Leib des Tümmlers gefahren. Alle Seeleute fürchteten ihn, denn seine schlimmen Streiche richteten manchmal großen Schaden an und brachten sogar ihr Leben in Gefahr.

Nicole tummelte sich im Wasser und trieb die Fischschwärme auseinander. Er ließ sich mit Goldbrassen zusammen fangen und riß, um sich wieder zu befreien, große Löcher in das Netz. Oder sein Spiel bestand darin, in Leinen und Seile Knoten zu machen, wie sie nur alte Seeleute zu knüpfen verstehen. Seine Flossen waren Hände. Oft holte er die Anker der Austernboote ein, so daß sie auf die offene See hinaustrieben, während die Fischer im Beiboot mit dem Schleppnetz über die Austernbänke fuhren. Man mochte noch so oft auf ihn schießen, die Kugeln konnten seiner rauhen Haut nichts anhaben. Er richtete sich im Wasser auf und lachte vor Vergnügen. Vielleicht sprach er sogar mit demselben Tonfall wie Louis-Philippe, unserem damaligen König.

Bisweilen packte er einen Anker, zog das Boot hinter sich her aufs Trockene oder lenkte es auf die Riffe. Manchmal schleppte er es hinaus aufs offene Meer. An Bord klammerten sich die Seeleute an die Trosse und versuchten, Widerstand zu leisten. Wenn sie dann aus Leibeskräften am Seil zogen, ließ Nicole es plötzlich los. Die ganze Mannschaft purzelte im Inneren des Schiffs durcheinander. Bei diesem Spiel holte sich so mancher Fischer einen Hexenschuß.

Nicole trieb es so arg, daß die armen Seeleute schließlich den Pfarrer von

Zwischen Saint-Quay und Saint-Briac lag einst das Reich von Nicole, einem zu lustigen Streichen aufgelegten Wassergeist, der Spaß daran fand, in Gestalt eines Tümmlers die Fischer in Zorn zu versetzen.

Saint-Cast aufsuchten und ihn baten, den bösen Geist zu vertreiben. Der Pfarrer nahm seine Stola, versah sich mit Weihwasser, stieg auf ein Schiff, das sofort absegelte und bei den Inselchen Ebihens Anker warf. Zwei Seeleute stiegen mit dem Priester ins Beiboot. Kurz darauf erschien Nicole; mit einem heftigen Schlag seines Schwanzes brachte er den Kahn zu kentern. Aber dem Pfarrer gelang es, eine Flosse des Tümmlers zu packen; er setzte sich rittlings auf das Tier, warf ihm die Stola über und besprengte es mit Weihwasser : Da mußte der Tümmler um Gnade flehen; er pfiff einen dienenden Geist herbei, ein kleiner Wicht, der aus dem Wasser auftauchte und dem Priester eine Urkunde überreichte, nach der Nicole sich verpflichtete, die Pfarrkinder von Saint-Cast nicht länger zu behelligen. Darauf ward er in diesen Gewässern nie mehr gesehen.

Doch wisset : Wenn er hierher gekommen war, trugen die Fischer selbst die Schuld daran. Nicole erschien nämlich zum erstenmal, so geht die Sage, an einem Himmelfahrtstag, an dem die Fischer dem Bannfluch ihres Pfarrers zum Trotz hinausgefahren waren, um in den Fischgründen von La Horaine ihre Netze einzuholen. Einige Leute meinen, Nicole sei ein Mann gewesen, der verdammt und in einen Tümmler verwandelt worden sei, weil er an einem kirchlichen Feiertag zum Fischen ausgefahren war.

Übrigens war er nicht immer bösartig. Er war nur launisch. So verhielt er sich in der Makrelenfangsaison stets ruhig, niemand wußte warum. Man hat auch gesehen, wie er Kähne in den Hafen zurückschleppte, deren Ruder er zuvor ins Wasser gestoßen hatte. Auch die Tümmler haben Tage, an denen sie nicht Böses im Schilde führen. Und wenn Nicole vor seiner Verwandlung ein unbestechlicher Fischereiaufseher war, so wissen auch die Fischereiaufseher, was Freundschaft wert ist.

Wollt Ihr nun wissen, was aus dem Wassergeist geworden ist, so antworten Euch die Fischer von Erquy, daß er einem Schiff nach Neufundland gefolgt ist. Aber die alten Neufundlandfischer können sich nicht daran erinnern, ihn je dort gesehen zu haben. Ich für meinen Teil glaube, Nicole fühlte sich gekränkt durch die Art, mit der der Pfarrer von Saint-Cast ihm begegnet war, hatte dieser ihn doch für den Teufel in Fischgestalt gehalten. Vielleicht war er nur ein schelmischer Tümmler, dem seine Mutter nicht beigebracht hatte, daß es sich nicht gehört, Löcher in die Netze zu reißen und mit den Ankern Pferdchen zu spielen. Aber der Kleine war sehr empfindlich. Er ist weitergezogen, um zu sehen, ob er nicht anderswo Leute fände, die seine lustigen Streiche mehr zu schätzen wüßten als die Bretonen. Lebe wohl, Nicole!

DIE INSEL SEIN 1940

Met, pa daolas an helo e Sun ar c'henta bann,
N'he doa ket chenchet lec'h.

Dies ist nun die jüngste unserer Sagen. Kaum erblüht, und da ist sie schon von der Zeit gezeichnet, unwirklicher als alle anderen und zugleich menschlicher, weil sie sich wie ein goldener Stern im Netz unseres Lebens verfing, an den erschütterndsten Tagen unseres Lebens.

Es begab sich an einem Abend im Monat Juni, daß ein Warnruf ertönte über die Felsen Gorlé, Tévennec und La Vieille (Die Alte) hinweg, vom Cap-Sizun bis zum letzten Propheteneiland, dem der "Neuf Sènes Vierges" und der "Sept Sommeils" (1), bis hin zur langen, flachen Insel Sein, der dünnen Nahtstelle am Horizont zwischen unermeßlichem Meer und unermeßlichem Himmel : "Die Germanen haben das Festland erobert! Der Sand in der Bucht der Verstorbenen ist übersät mit den Abdrücken ihrer Stiefel!"

Mit einem Satz sind die Männer von Sein in ihren Booten : "Lebe wohl, Frau, lebe wohl, Mutter! Lebt wohl, ihr Kinder! Immer werdet ihr mir lieb und teuer sein, ich kehre zu euch zurück, wenn die Zeit gekommen ist. Aber welcher Mann könnte zurückstehen heute, da die Freiheit verloren ist? Einen Inselmenschen kettet man nicht an, solange er in See stechen kann. Lebe wohl, geliebte Bretagne, der Abschied bricht uns das Herz!"

Kein Boot mehr im Hafen, kein Fischer mehr am Kai. Das Wasser trug sie alle in ihrem tiefen Schmerz und voller Sehnsucht nach Freiheit nach England hinüber. Und in jedem Haus auf der flachen Insel durchwachen die Frauen, ob alte Mutter, ob junge Gattin, die Nacht.

"Ach! wie gern würden wir unseren Männern folgen, die Insel sei unser Boot! Geliebte Bretagne, uns bricht das Herz! Wie gern würden wir unseren Männern folgen, bis zur britischen Felsenküste, könnte uns dieses Stückchen Erde nur als Floß dienen, den Germanen zum Trotz, die am felsigen Kap des Festlands lauern!".

Da erbebt die ganze Insel unter dem Klagegeschrei der armen Frauen. Zitternd reißt sie sich vom Meeresgrund los. Schon schaukelt sie auf den Wogen, leicht und ungeduldig, nimmt Abschied vom Leuchtturm auf La Vieille, indes der Ruf der Frauen ertönt : "Jede an ihren Platz, legt Euch in die Riemen!".

Nicht eine Minute ruhen die Ruder der Mädchen von Sein in der tiefen Nacht. Geliebte Bretagne, uns bricht das Herz! Mit jedem Ruderschlag nähern sich die Mädchen von Sein dem britischen Kap, wo ihre Männer an Land gegangen sind, um der Knechtschaft zu entgehen.

Als aber am nächsten Tag der erste Sonnenstrahl auf die flache Insel fiel, HATTE SICH *SEIN* NICHT VON DER STELLE BEWEGT.

(I) Die "Neuf Sènes Vierges" waren die neun gallischen Priesterinnen Seins, die Jungfräulichkeit gelobt hatten.
Die "Sept-Sommeils" : Anspielung auf die Etymologie des Inselnamens *Sein*, bret. *Enez Seun* ("Insel Sein") oder *Sizun* (vgl. Cap-Sizun) ; bret. *sizun* : "Woche", aus *seiz hun* : "siebenmal Schlaf".

ZAUBER DES MEERES

In manchen Nächten treiben Tausende von Leichnamen in den Fluten, Menschen, die vor mindestens einem Menschenalter ertrunken sind. Mögen sie auch den Anschein von Körpern bewahrt haben, es sind doch nur armselige Hüllen, deren sie nicht mehr Herr sind. Später, des Nachts, wenn die grüne Sonne auf den Meeresgrund hinabgesunken ist, tauchen sie aus dem Wasser auf.

Jene Ertrunkenen, die wir kannten und die erst jüngst ertranken, öffnen um Mitternacht ihre Augen. Um Mitternacht ruht die Sonne, grüner denn je, auf dem Grund des Meeres, und sie strahlt genug Wärme aus, um jene, die vor ihrer Zeit gestorben waren, vom kalten Tod zu erlösen. Mit klagendem Gemurmel fahren sie erneut auf ihren nächtlichen Booten. Bisweilen kreuzen sie das Kielwasser der Lebenden. Manchmal gehen sie sogar an Land, um an die Orte ihres irdischen Daseins zurückzukehren. Dann kann es geschehen, daß Ihr am Strand auf ihre langen, schwarzen Boote stoßt. Geht Ihr an Bord, steigt ein weißes Segel am Mast empor und trägt Euch hinaus auf die offene See, bis zum Jüngsten Gericht.

Ich habe Euch erzählt, was ich weiß; nun fragt nicht weiter. Ich würde keinen roten Heller geben, um noch mehr zu erfahren. Ich kenne Leute, die die Vorzeichen zu deuten wußten und Verbindung mit den Ertrunkenen aufzunehmen vermochten. Diese Gabe war ihnen beschieden wie eine Krankheit. So oft haben sie den Schrecknissen als Zeugen beigewohnt, daß sie sich schließlich ins Jenseits haben hinüberziehen lassen. Keiner von ihnen starb, wie man sterben sollte, wie auch ich sterben möchte : in meinem Hause, in Festkleidung auf dem Tische liegend, auf dem weißen Leinentuch; drei brennende Kerzen während des Dankgebets. Amen!

In manchen Nächten treiben Tausende von Leichnamen in den Fluten, Menschen, die vor mindestens einem Menschenalter ertrunken sind.

INHALTSVERZEICHNIS

Das Paradies der untergehenden Sonne.. 3
Der Aufzug der Verstorbenen.. 5
Die Insel der Schiffbrüchigen.. 9
Der Untergang der Stadt Is.. 12
Marie-Morgane... 14
Die versteinerten Figuren von Bréhat.. 17
Die Zauberin von den Glenan-Inseln... 20
Die Höhlen am Cap Fréhel... 25
Das Gold von Dourduff.. 28
Pôtr Penn er Lo... 30
Filopenn von der Moorküste.. 33
Die Legende von Azénor.. 37
Der Fährmann an der Laita.. 40
Isolde Weißhand... 43
Die Birvideaux... 45
Die Meerjungfrau von der Insel Arz.. 49
Das Totenschiff.. .52
Die Riffe von Penmarc'h.. .54
Ninoc'hs weiße Hirschkuh... .57
Das erste Wallfahrtsfest der heiligen Anna... .61
Der Broella-Ritus auf Ouessant... .64
Die Felsburg von Dinan... .66
Die Abtei am Ende der Welt.. 69
Marivonig aus Plougasnou... 72
Die mutigen Taten von Rannou dem Starken.. 74
Die Wunder der Strandmeile... . 77
Der Wald von Scissy.. 81
Die Glocke und der Drache.. .84
Katzengold.. 86
Nicole, der fröhliche Wassergeist.. 89
Die Insel Sein 1940.. 92
Meereszauber.. 94

Ce livre regroupe deux plaquettes parues aux Éditions JOS LE DOARÉ sous le titre : Légende de la Mer, dépôt légal 3ᵉ trimestre 1955 ; et Bretagne aux Légendes II, De grève en Cap, dépôt légal : 30 juin 1958.

Achevé d'imprimer par Combier Impression - Mâcon en Novembre 1998
pour le compte des Éditions JOS LE DOARÉ - 29150 Châteaulin
Dépôt légal : n° 537 - février 1996- ISBN : 2 855 43 005 4